中学校国語教師のための

文法指導入門

明治図書

松崎 史周 著

まえがき

中学校で国語を教える先生方は文法指導に対してどのような考えを持っているでしょうか。「教えることが決まっているから教えやすい」「高校入試で出題されるから大事」と考える先生もいれば、「生徒が興味・関心を持てる授業にしたい」「日常生活や表現・理解の学習に役立つようにしたい」と考える先生もいるでしょう。「中学校以来学んでいないので、教えられるか心配」と感じている先生もいるかもしれません。

そもそも文法指導に興味・関心を持っている先生が少ないと言われています。文法指導にあまり興味・関心を持っていない先生の中には、かつて自分が受けた文法の授業を再現する先生も多く、ともすると文法知識の教え込みに陥りがちです。また、文法指導を得意とする先生の中にも、「生徒が覚えるべきことを説明し、問題演習を通して定着を図ればいい」という考えから、文法知識の教え込みに終始してしまう先生もいます。

中学校の文法指導は多くの問題点を抱えています。指導内容としての学校文法の問題点、知識注入に終始した指導方法の問題点がよく挙げられますが、表現・理解の学習指導や日常の言語使用との関連付けが十分に図られていない点も大きな問題点となっています。こうした問題点を押さえつつ、学習指導要領も踏まえて学習指導を組織・展開していくのは、文法指導に関心を持つ先生でもなかなか難しいことでしょう。

ところが、中学校国語科の文法指導に関する書籍は、ここ最近では文法指導を視野に入れた日本語文法の解説書と教科書会社が発行する指導書の別冊ぐらいで、中学校の先生方が指導の参考にできる書籍が少ない状況にあります。そこで、本書は中学校の先生方を主な対象として、文法指導について考える際の参考書となるように作成しました。各章の概要は次のとおりです。

1章では、文法指導の現状と問題点を洗い出し、文法指導のあり方を考えます。文法指導を難しくしている要因を明らかにするとともに、学習指導要領を踏まえて文法指導の方向性を提案していきます。

2章では、中学校で指導する文法事項のうち、主要なものを取り上げて解説します。学校文法の不備や問題点も確認しながら、指導のために押さえておきたい文法指導の基礎知識を見ていきます。

3章では、中学生作文の調査と全国学力・学習状況調査の結果から生徒の文法力を分析します。文章表現に関わる文法力に限定していますが、指導のために知っておきたい生徒の文法力を見ていきます。

4章では、生徒の意欲がグッと上がり、楽しみながら学べる文法の授業を提案していきます。教科書教材や過去の実践も取り上げながら、選りすぐりの文法指導のアイディアを紹介していきます。

5章では、「話すこと・聞くこと」「書くこと」「読むこと」の3領域と関連付けて、各領域の学習指導における文法の扱いや各領域の学習指導につながる文法指導の例を提案します。学習指導要領が求める表現・理解の学習指導と関連付けた文法指導のアイディアを紹介していきます。

「文法指導入門」と題した本書ですが、文法指導に通じた先生にも参考になるように心がけて作成しました。また、本書の主な対象は中学校の先生方ですが、小学校の先生方、教員養成課程で学ぶ学生の皆さんにも読んでいただけたら幸いです。本書をきっかけにして、国語科における文法指導に関する議論が活発になり、現場の指導がより充実したものになればと思っています。

目次

1章 文法指導の難しさを考える

2章

指導のために押さえておきたい文法指導の基礎知識

3章

指導のために知っておきたい 生徒の文法力

4章

生徒の意欲が上がる 文法指導のショートアイデア

5章

文法に着目し、文法を活かす
3領域×文法指導アイデア

1章

文法指導の難しさを考える

1 文法学習に対する生徒の意識

1 意識調査の概要

文法学習を嫌う生徒が多いということは、これまでに行われた調査によって明らかにされています。ここでは、少し古いものですが、筆者が行った調査を取り上げ、文法学習に対する中学生の意識を見ていくことにします。

調査は平成8年に国立大学附属中学校の2・3年生計127人を対象として行ったもので、「文法学習は好きか嫌いか」「好き嫌いの理由」「文法の授業に対する意見」について尋ねたものです。このうち「好き嫌いの理由」については、愛原（1981）に紹介されている調査[1]を参考にして次のような選択肢にしました。

「好き」とする理由

a 普段使っている言葉が分かるのでおもしろいから。
b 文章を読んだり書いたりする時に役立つから。
c 小学校よりも詳しく学ぶので分かりやすいから。
d 他の国語の学習と違って答えが一つに決まるから。
e その他

「嫌い」とする理由

f 覚えることが多すぎて混乱するから。
g 文法用語が難しく分かりにくいから。
h 物語のように想像する楽しみがないから。
i 文法を学ばなくても日本語は話せるから。
j その他

また、「文法の授業に対する意見」については自由記述とし、生徒の率直な意見が得られるようにしました。

2 文法学習は好きか嫌いか

調査の結果、文法の学習を「好き」「どちらかというと好き」と答えた生徒は全体の18・9％でしたが、「嫌い」「どちらかというと嫌い」と答えた生徒は81・1％にのぼり、8割以上の生徒が文法の学習を嫌っているという結果になりました。関東地区の公立中学校6校の3年生を対象として平成18年に行われた田中（2010）の調査でも、「きらい」「あまり好きではない」と答えた生徒が70・4％となっており(2)、調査の時期や対象となる学校が変わっても、生徒の文法嫌いは変わらないということがわかります。

確かに、定期試験や高校入試の対策のため、ある程度の文法知識を身につける必要はあります。それにしても、助動詞・助詞の各語の意味をすべて覚えさせるまでは必要ないでしょう。しかし、往々にしてそのような指導が行われ、生徒が覚えるべき文法知識の多さに辟易しているのが現状となっています。

3 文法学習を嫌う理由

文法の学習を「嫌い」とする生徒にその理由を選んでもらったところ、「覚えることが多すぎて混乱するから」が37・9％と最も多くを占めました。「その他」に記入された中にも、「丸暗記で成り立ってしまうから」といった回答があり、暗記中心で学習が進められることが生徒を文法嫌いにしているということがわかります。田中（2010）の調査でも、文法を嫌いとする理由として「暗記することが多くて大変である」が最も多く、67・5％と3分の2以上を占めています。

次いで多いのが「文法用語が難しく分かりにくいから」「文法を学ばなくても日本語は話せるから」で、ともに18・4％となっています。文法用語については「副詞とか助詞とか数が増えていくうちに覚えきれなくなった」といった回答もあり、文法用語の難しさと数の多さが生徒の負担になっていることがわかります。特に文法用語の中には、「推定」と「推量」のように類似のものや「比況」のように意味の取りにくいものがあります。また、授業で文法事項を学び、その後に問題演習を通して文法用語の定着が図られることが多く、それが暗記学習を助長し、文法学習に対する興味・関心を失わせる結果となっています。

文法学習の必要性については、「何のために文法を覚えるのか分からないから」といった回答もあり、文法学習の必要性を感じられずに学習を行っていることがわかります。生徒にとって日本語の文法はかなりの部分が習得済みで、英語の文法のように学ばなければ使えないというものではありません。にもかかわらず、実際の言語使用と切り離された形で文法知識が与えられ、その暗記が求められるのです。このことが生徒の学習に対する意欲を失わせ、与えられた事柄をただ覚えるといった受動的な学習態度を形成しているのです。

なお、田中（2010）の調査では、「役に立たないようなことが多くやる気にならない」が41・6％、「つまらない」が33・8％、「内容が難しくてよく分からない」が14・3％と続いていますが、やはり文法用語を始めとした学習内容の難しさや学習の必要性を感じられないことが、文法学習を嫌う理由になっていることがわかります。

4 文法の授業に対する意見

自由記述としたため様々な意見が見られましたが、その中でも多かったものを分類すると以下の四つにまとめられます。

①分かりやすく教えてほしい。ちゃんと分かるまで繰り返しやってほしい。
②時間をかけてゆっくり教えてほしい。例をたくさん出しながらゆっくりと進めてほしい。
③もう少し簡単な問題を出してほしい。もっと練習問題を多くしてほしい。
④文法を勉強する必要はない。文法（の授業）をなくしてほしい。

①は授業の方法、②は授業の進度、③は練習問題、④は学習の必要性に関する要望と分類できますが、多くの生徒は文法学習を嫌っているにもかかわらず、それでも「文法が分かるようになりたい」という想いを持っていることがわかります。

①・②の回答からは、「例を挙げ」「繰り返し」「ゆっくり」教えていくのが生徒にとって「分かりやすい」授業だということがわかりますが、文法の授業時間数は限られているだけに、指導内容を精選せずにはその実現は難しいでしょう。また、「例題は絞ったところだけにして、その分、公式みたいな判別の仕方を教えてもらいたかった」という意見もありましたが、この意見からは与えられた知識をできるだけ多く効率的に覚えたいという意識がうかがえます。こうしたところにも、生徒の文法学習に対する意識がうかがえます。

この他にも様々な意見が見られましたが、その中に現行の文法指導を的確かつ痛烈に批判しているものがいくつか見られましたので、次に挙げることとします。

⑤堅苦しく、型にはまった授業は望まない。「こういうきまりだから」という教え方もよくないと思う。文法を扱うのはテスト前が多いというのもおかしい。（3年男子）

⑥どんどん進むので落ちつく暇がない。ただ、ずらずらと黒板に書くだけではなくて、もっと楽しみながら習いたかったです。（3年女子）
⑦文法はあまり好きではないが、文法の問題が解けたときはうれしいです。でも、やっぱり「どうして必要なんだ」という疑問があります。何のために文法を学習するのでしょうか。（筆者注：これからも文法を呪文のようにして記憶して覚えると思います。（3年女子）

⑤からは、文法の授業が知識の押し付けとなっており、言語使用時の生徒の認識との間にずれが生じているとわかります。例えば、学校文法で「だろう」は断定の助動詞「だ」の未然形に推量の助動詞「う」が付いたものとされますが、「だろう」ひとまとまりで推量の助動詞とする考え方もあります。学校文法に準拠しつつも他説にも目を配り、「こういうきまりだから」と一方的に教え込むのではなく、必要に応じて他説にも触れながら説明して、生徒の言語認識に寄り添う形にしていかなくてはなりません。

また、⑥からは生徒が文法学習を楽しめない状況にあること、⑦からは生徒が文法学習の必要性を感じられずに学習を進めていることがわかります。これも一方的な教え込みによるものですが、日常の言語使用に見られる表現を題材にし、それを支える仕組みを考えさせるなどして、生徒の興味・関心を引き出すような工夫を加えていないことも大きな原因となっています。とはいえ、文法を専門としていない多くの教師にとって、身近な表現を題材にして生徒の興味を引くような学習活動を展開することは難しいものです。そうした学習活動が行える教科書教材や学習指導法の開発が急務だといえましょう。

5 生徒の声に見る文法指導の問題点

以上の調査結果から、中学校国語科における文法指導が知識の教え込みに陥っていることや、用語や定義の暗記に追われて学習に興味が持てず、学習の必要性すら感じられない生徒の実態がわかります。学習指導要領では「機械的な暗記」「形式的な文例の学習」に陥らないよう注意が喚起されてきましたが、それにもかかわらず、教科書や副読本を利用して学校文法の用語と定義を与え、問題演習を通して定着させていく授業が多く見られます。このような知識注入型の文法指導では、生徒の興味や疑問が考慮されず、日常の言語使用から切り離されて学習指導がなされてしまいます。自らの言語使用と切り離された状態で一方的に知識の暗記を強要されては生徒が学習に対して興味・関心を抱けず、文法学習を嫌いになるのも当然でしょう。「今日なおしばしば知識暗記主義的な文法教育が行われがちであり、生徒の文法嫌いを助長している」という藤田（１９９１）の指摘(3)は30年も前のものですが、文法指導の現状を端的に言い表しているといえましょう。

【注】
（１）愛原豊（１９８１）「文法教育はどうなっているか」『言語』第10巻第2号、大修館書店、37〜38頁
（２）田中洋一（２０１０）「中学校における文法教育の方向性」『横浜国大国語研究』第28号、84〜66頁
（３）藤田保幸（１９９１）「文法教育」『国語教育研究大辞典普及版』明治図書、774頁

2-1 文法指導の問題点
高校入試への対応

1 文法指導が知識注入型になるのは

現場の指導が知識注入型となる要因の一つに「高校入試への対応」があります。安部（2002）は、高校の入学試験に「紛らわしい品詞の区別」などの文法問題が出題されることを想定すると、中学校で学校文法を一通り覚え、それをもとに一定のドリル学習を行わなければならないとして、文法指導が高校入試に必要な文法知識の習得・定着を目的として進められていることを指摘しています[1]。

また、八木（1984）は、多くの教師が、文節に区切ること、文節相互の関係を捉えること、その単語がどの品詞に属し、その品詞のどの部類に属するかを間違いなく識別できること、これらを文法指導の基本的事項と考え、大いに関心を持つとし、その理由として、教師がかつて学習してきたこと、高校入試の対策上必要だと考えていることを挙げています[2]。

文法は国語科の中でも習得すべき事項が多い分野です。吉田（2007）によると、中学校国語教科書に現れる文法用語は87語にのぼるとのことですが[3]、これに品詞・付属語・活用の識別法を加えるとかなりの数になります。高校入試の対策としてこれらすべてを指導するとなれば、知識注入型に陥るのも無理ないことです。

では、文法指導を知識教え込みに陥らせてしまう高校入試の文法問題とはどのようなものでしょうか。ここでは、公立高校入試を取り上げ、平成21〜30年（2009〜2018）の10年間に出題された文法問題の傾向を見ていくことにします。

2 公立高校入試における文法問題の調査

調査の資料としたのは『全国高校入試問題正解国語』（旺文社）の2010〜2019年度受験用です。なお、本書には編集上の都合から掲載されていない問題があり、そこに含まれる文法問題は調査できていないため、あくまで公立高校入試における文法問題の実数ではなく、傾向であることを断っておきます。

文法問題は、国語教科書の単元・教材に倣って「言葉の単位」「文の組み立て」「品詞」「用言の活用」「付属語」の5項目に分類しました。10年間の出題数を項目別に挙げると下の表のようになります。

品詞の問題の出題率が最も高く、全体の36.7%を占めています。付属語が20%、文の組み立てが19%、用言の活用が17%と続き、言葉の単位の出題は7%に留まっています。品詞の問題の出題率の高さが際立っていますが、ここには「ない」「で」「に」など、いわゆる「紛らわしい品詞」の問題も含めています。「紛らわしい品詞」の問題を除くと、品詞の出題率は22%となり、品詞・付属語・文の組み立て・用言の活用の各問題が20%前後の出題率になることがわかります。

表　文法問題の出題数

言葉の単位	文の組み立て	品詞	用言の活用	付属語
31 （7.0%）	84 （19.0%）	162 （36.7%）	75 （17.0%）	89 （20.2%）

3 品詞の問題

品詞の問題は文中の単語の品詞を問うもので、文法問題の中で最も出題率が高く、文法問題の代表格となっています。いわゆる「紛らわしい品詞」の問題も含めるため、異なる単語の品詞を問う問題と、語形が同じ単語または単語の一部の品詞を問う問題に分けられます。
品詞問題の典型例としてよく挙げられるのは、異なる単語の品詞を識別する問題です。

(1)　二重傍線部ア～エの中で、品詞の異なるものを一つ選んで、その符号を書きなさい。

…アまったくないわけではないし、…イやはり存在する。…ウ決して不可能な試みとは言えない。…あの練習量はエ大したものだ。…

（兵庫県・2012年　一　問二）

各語の品詞を見ていくと、ア～ウが副詞、エが連体詞で、答えはエとなりますが、「副詞」「連体詞」と品詞を特定できなくとも、用言に係るのか体言に係るのかを見分けられれば解答できます。この問題が求めていることは、連用修飾か連体修飾かといった文法的働きを見分けることだと考えることもできるのです。
また、いわゆる「紛らわしい品詞」の問題も多く出題されています。ここ10年間で63問出題されており、品詞問題全体の39・1%となっています。そのうち、「ない」の出題率が36問と多く、紛らわしい品詞の問題全体の半数強を占めています。

(2)　══線部「ない」と文法上同じ働きをする「ない」が含まれているものを次のア～エから一つ選び、記号を書きなさい。

言葉は思索の単なる「道具」ではない、という考え方も…

ア　会場への行き方がわからないんだ。　イ　その本は、ぼくの家にはないよ。
ウ　もうあきらめるなんて情けないな。　エ　雨は降りそうにもないね。　（長野県・2014年　問一(二)）

「ない」の品詞を見ていくと、アが助動詞、イが形容詞、ウが形容詞「情けない」の一部、エが補助形容詞で、問題文の「ない」は補助形容詞のため、答えはエとなります。紛らわしい品詞の問題は、形式に違いがなく、意味や用法も似通っているため、文法的働きの違いが見分けにくい面があります。市販の参考書などでは、「ぬ」に置き換えられれば「助動詞」、直前に「は」「も」が入れば「補助形容詞」と説明されていますが、その理由や原理が説明されることはなく、単なる解法テクニックに過ぎないものとなっています。

紛らわしい品詞の識別は、他の語（語形）に置き換えたり特定の語を補ったりして行うのが一般的ですが、なぜその語（語形）に置き換えるのか、なぜその語を補うのかを理解するには、品詞・活用・付属語と各分野の文法知識を総動員しなくてはなりません。品詞分類表や用言・助動詞の活用表、助詞の一覧表などを参照しながら、各語の識別方法を生徒自身が説明できるようにしたいものです。

品詞の問題というと、「〇〇詞」と答えるイメージが強いのですが、活用の有無や文の成分の種類など文法的な働きさえ見分けられれば、品詞を特定できなくても解答できるものもあります。こうした事情を教える側はしっかりと理解し、品詞分類の原理に立ち返りつつ、各語の文法的な働きを捉えたうえで品詞を特定していくようにすることが重要だといえましょう。

4 付属語の問題

付属語の問題は、文中に含まれる付属語の意味・用法を問うもので、品詞の問題に次いでよく出題されています。同じまたは異なる意味・用法の語を選ぶ識別問題がほとんどで、付属語問題全体の93・4％を占めています。また、出題される語も限られており、助動詞であれば「れる・られる」の出題が56問中32問と突出して多く、その他は「ようだ」の7問、「た」の4問が目に付く程度となっています。

(3) 〰部「れる」と同じ意味の助動詞を含む文を、次のア～エから一つ選び、記号で答えなさい。

…何度も同じことを聞き返されるのは迷惑千万であった。

ア　チームメイトに助けられる。　　イ　大統領が日本を訪問される。

ウ　朝四時には起きられない。　　エ　幼い頃が思い出される。

（山形県・2014年 1 問2）

アが受身、イが尊敬、ウが可能、エが自発と解釈できますが、問題文の「れる」は受身と解釈できるので、答えはアとなります。付属語の識別は語の意味を特定したうえで行うのが一般的ですが、助動詞「れる・られる」の場合、主語や格助詞の取り方、動詞の種類に着目することで、より確実に解答することができます。アは行為を及ぼす主体である「チームメイト」が格助詞「に」を伴っているので「受身」、イは敬うべき人物が主語にきているので「尊敬」、ウは「られ」が「ことができる」に相当するので「可能」、エは「れ」が知覚や思考を表す動詞に付くので「自発」と判定することができます。市販の参考書では解法テクニックとして与えてしまいますが、授業では例文の分析を通して生徒自身が見出せるようにしていきたいものです。

一方、助詞については「の」の出題が多いのですが、「ながら」「さえ」「から」「より」など様々な語が出題されています。

(4) 次のア～エの文中の「の」の中から、本文中の波線（〰）部と同じ意味・用法のものを一つ選び、記号で答えなさい。

三人以上集まって話し合う、おしゃべりをするというのは、いかにも低次に…

ア　月の沈むところを見る。
イ　パリは花の都と呼ばれる。
ウ　彼女は本を読むのが速い。
エ　雪の降る日はとても寒い。

（静岡県・2016年　二　問二）

アとエが主格の格助詞、イが連体格の格助詞、ウが名詞の代用の準体助詞で、問題文の「の」は準体助詞のため、答えはウとなりますが、この問題も品詞の特定によって識別するのではなく、他の語に置き換えるなどして文法的働きを見分けていくようにします。アとエは「が」に置き換えられる「の」、ウは「こと」に置き換えられる「の」と見分けられれば、主格や連体格、名詞の代用と特定できなくても解答することができます。授業では、各助詞の働きと置き換えられる語を生徒自身に見出させるようにするとよいでしょう。

このように、付属語の問題は教科書に示された意味・用法を覚えて識別するのではなく、文の形や語句の意味に着目したり、他の語に置き換えたりして識別していくことが望まれます。また、出題されやすい語も限られており、助動詞であれば、「れる・られる」を取り上げることが重要で、その他には「ようだ」または「た」を取り上げれば、高校入試に対応しながら指導内容の厳選を図ることができます。出題されている語が限られているだけに、こうした作業を行うことで、付属語の働きと意味を理解させていくようにしたいものです。

5　文の組み立ての問題

文の組み立ての問題は文中に含まれる文節（連文節）の係り受けの関係を問うもので、係り先の文節を見分ける問題がよく見られます。

(5)　文章中に「①ただでさえ」とありますが、これはどの文節にかかりますか。次のア～エから一つ選び、記号で答えなさい。

①ただでさえ二日目のコースはきつめに設定されている。

ア　二日目の　イ　コースは　ウ　きつめに　エ　設定されている

（宮城県・2012年 1 問1）

「ただでさえ」は、直後の文節ではなく、2文節後の「きつめに」に係っています。答えはウとなりますが、この問題のように少し離れた用言に係る連用修飾語の出題が多く見られます。こうした問題は係り先が離れていても正しく見分けられるかを判定している問題だといえましょう。

識別問題の他には、文のねじれを修正したり、構文を替えて書き換えたりする問題が出題されていますが、このうち文のねじれを修正する問題では主述のねじれを取り上げた問題が多く出題されています。

(6)　次の□の文は、主語とそれを受ける部分の係り受けが不自然である。意味を変えずにこの係り受けを整えるためには、どのように直せばよいか。――線の部分を適切に書き換えなさい。

私の将来の希望は、人のためになる仕事をしたいです。

（山梨県・2013年 1 問3）

抽象名詞を用いた名詞句を主語とした文に見られる主述のねじれで、名詞述語で結ぶべきところが動詞述語で結ばれています。この種のねじれは生徒の作文によく見られ、推敲時に見直しさせても十分に修正できない生徒が多く見られます。平成21年度全国学力・学習状況調査でも、抽象名詞主語文における主述のねじれを修正させる問題が出題されましたが、中学3年生の正答率は50・8％で、この種のねじれが課題になっていることがわかります。

中学生ともなると、「書くこと」の学習において意見文やレポートなどを書くことが多くなり、この種の文型を使用する頻度も高くなります。このような書き換え問題は、主述のねじれを修正する力を測るだけでなく、この種の文型の習得度合いも見ることができ、作文・推敲につながる文法の知識・技能を問う問題だといえましょう。文法知識の習得に留まらず、文法知識を活用した言語技能を育成するためにも、この種の問題が継続的に出題され、文法の学習事項として定着していくことが重要であると考えています。

6 活用の問題

活用の問題は、文中の用言の活用の種類や活用形を問うもので、授業時間数の多さに反して出題率は高くはありません。よく出題されるのは、活用の種類や活用形の同じまたは異なるものを選ぶ識別問題で、活用問題全体の93・4％と高い出題率となっています。

(7) [2]眺め と同じ活用の種類の動詞を含むものを、次のア～エから選び、符号で書きなさい。

そんな様子を心の中にありありと想像しながら、庭を[2]眺め、…

ア 家族みんなで食事をした。　イ 教室の外に出る。

ウ 大きな声で笑う。　エ 寒いので上着を着た。

（岐阜県・２０１５年 3 問４）

ア「し」がサ行変格活用、イ「出る」が下一段活用、ウ「笑う」が五段活用、エ「着る」が上一段活用で、問題文の「眺め」は下一段活用であるため、答えはイとなります。ただ、このように「○○活用」と特定しなくても、動詞に「ない」を続け、動詞の語尾を見ることで解答することもできます。イ「出る」は語尾がエ段、ウ「笑う」はア段、エ「着る」はイ段となり、問題文「眺め」はエ段なので、イが答えとわかります。この方法では変格活用を識別することはできないため、先に変格活用の動詞を特定しておく必要がありますが、その他の動詞については「ない」を続けて動詞の語尾を見るだけで活用の種類の異同がわかります。活用の種類や活用形を識別する問題は、その見分け方さえ理解できていれば、必ずしも「〇〇活用」「〇〇形」と特定できなくても解答を導くことができるのです。

一方、活用の種類や活用形を書かせる問題も、少数ですが出題されています。

(8) ――線部①「生きる」の活用の種類と活用形を書きなさい。
かつては①生きることは仕事をすることとなりと…
（長野県・２０１６年 問一(2)）

こうした問題が出題される限り、教師とすれば、五つの活用の種類、六つの活用形の名称を覚えさせ、それらを書けるようにすべきと考えがちです。ただ、出題率の低さを考えると、活用の問題の主流はやはり識別問題となります。こうした傾向を踏まえれば、動詞の活用については、まずは動詞に「ない」を続けたり、動詞に続く言葉をグループ分けしたりすることで、活用の種類や活用形の異同を見分けられるようにし、そのうえで「〇〇活用」「〇〇形」と特定できるようにしていくのが望ましいといえましょう。

7 高校入試から文法指導を考える

以上、高校入試における文法問題の傾向を見てきましたが、公立高校入試に限っていえば、文法用語の形で特定できなくても、文法的な働きや意味が見分けられれば解答できる問題も一定数出題されていることがわかります。このような傾向を踏まえれば、文法知識の習得を目指した知識教え込み型の文法指導から、日常の言語使用を振り返りながら文法的な意味や働きを捉える文法指導へと転換していくことも十分可能になってきます。

また、出題される語句や問題形式が限られることを踏まえれば、助動詞などはすべての語を扱う必要はなく、むしろ高校入試によく出題される語（例えば「れる・られる」）を取り上げて、助動詞とはどのような単語か、どのような意味を持ち、どのように使い分けられているのか理解させることのほうが重要であるといえましょう。用言の活用をはじめとして、文法指導は「指導時間が足りない」とよく言われますが、高校入試の傾向を踏まえれば、網羅的に指導を行う必要はなく、むしろ指導事項を精選し、日常の言語使用を振り返りながら学習指導を行うほうが、文法の理解を深めるうえでも、表現・理解につながる知識・技能を養ううえでも有効であると考えられるのです。

【注】

（1）安部朋世（2002）「国語教育における『文法教育』の在り方」『月刊国語教育』第260号、東京法令出版、20～23頁

（2）八木徹夫（1984）「口語文法は中学校で既習か」『日本語学』第3巻6号、明治書院、49～58頁

（3）吉田則夫（2007）「学習者は、いつ、どんな文法用語に出会うか」『月刊国語教育』第329号、東京法令出版、36～39頁

2-2 古典文法指導の準備

文法指導の問題点

1 高校古典文法指導と古典嫌い

現場の指導が知識注入型となる要因として「古典文法指導の準備」を挙げることもできます。一般に、高校の古文の授業といえば、本文の音読から始まり、逐語的に現代語に訳していくというイメージが強いのですが(1)、逐語的に正確に訳すとなれば、語句の理解はもちろんのこと、古典文法の理解も不可欠となってきます。特に活用に関する理解は、古語辞典で語意を調べたり、同形の助動詞を識別したりするうえで重要とされ、多くの教室で高校1年の1学期に集中的に指導が行われます。用言の活用を始めとして、助動詞、敬語などは、文法書を用いて用語とその定義、識別の方法などを教え、練習問題を通してその定着を図るというのが一般的ですが、こうした指導が生徒を「古典嫌い」にする大きな要因となっているのも事実です。

奈良県立教育研究所の長期研修員（森村祐三子氏）によって県内高校5校の生徒を対象に行われた調査（平成23年実施）によると、古文を嫌いとする生徒は7割近くにのぼり、古文の学習が不要であると考える生徒は6割以上におよぶといいます。また、半数以上の生徒が「古語」や「文法」に関わる学習が嫌いと答えており、古典文法の学習が古典嫌いを生む原因になっていることがわかります(2)。筆者も勤務校の学部1年生の授業のなかで、高校での古典学習について聞いていますが、語句や文法を学びながら口語訳を行うという授業が多く、覚えることが多く複雑なために、作品を十分理解し、楽しむことができなかったという意見が多く聞かれました(3)。

・古文の授業は、語句・文法を学びながら口語訳する授業でした。本文に関係のない部分の語句・文法まで覚えなくてはいけないこともあり、覚えるのが苦手な私にとっては大変でした。
・古文の授業では、ひたすら文法を教え込まれるものだったため、作品内容が十分理解できていませんでした。内容も理解できていないうえに文法を教え込まれたため、結局文法も理解できていませんでした。
・古文の授業では、活用の種類を覚えたり、助動詞の意味を覚えたりなど、暗記がメインのような印象になり、実際に授業においても口語訳をし終わったら、次の作品に移るといった半ば事務的な授業が毎回であったので、苦手意識が強く興味も持てませんでした。

このような学習者の意見を踏まえて、近年古文指導の改善が図られるようになってきましたが、その一方で、大学入試で初読の文章を読解するためには古典文法を一通り理解できていなければならないと考える向きも根強く、全般的に見ると古典文法指導の改善はほとんど図られていないのが実情です。

2 高校古典文法学習の準備としての中学文法学習

古典文法の指導に問題があるとされながらも、大学入試への対応から古典文法を一通り指導せざるを得ない高校古典指導の実情を中学校の教師はよく理解しており、かつて自分が受けた授業の記憶から、中学校のうちに現代語を用いて学校文法を理解させておけば、高校古典の入口でつまずいて古典嫌いになるのを防ぐことができるのではないかと考えます。特に品詞に関しては、中学校のうちに品詞分類ができるようにして、古典語の品詞分類に役立てられるようにし、動詞の活用に関しては、現代語で活用の種類や活用形が識別できるようにして、古典語の動詞の活用の種類と活用形の識別につなげるようにしたいと考えることが多いようです。

こうして、中学校の教師は現代語の文法指導を高校古典学習の準備と捉えることとなり、そのような認識から、特に品詞・活用の指導に力を入れ、その意識の強さのあまり、文法の学習指導が教え込みと問題演習の繰り返しに陥ってしまうのです。現代語の文法指導について、砂川（１９９１）は「動詞の活用や品詞分類にかなり力が入れられているが、これらは現代語を理解し表現するための文法指導と言うより、むしろ古典語文法への橋渡し的な指導に留まっているように思われる」と述べていますが(4)、古典文法学習への準備が文法指導の目標として重要視されることが、中学校における現代語の文法指導を形式的なものとし、知識注入型の指導を引き起こす原因となっているのです。

3 高校古文指導における文法の扱い

高校の国語科では、古典の指導に文法は欠かせないものとされ、深く読み味わわせるためにも、古典文法の指導が必要とされてきました。ところが、古典文法のうち何をどのように教えれば、作品の理解につながるのかということが十分に考えられてきたわけではありません。そのため、教科書の作品とは関わりなく、文法の副読本を一ページ目からすべて教えるような指導がなされてきました(5)。こうした実態を踏まえて、学習指導要領やその解説では、読むことの指導に即して文法を扱うよう注意を喚起しています。平成三〇年告示の学習指導要領では、「古典の世界に親しむ」ことを目指して、古典文法の指導を「古典を読むために必要な」ものに限定しています。語句にせよ文法にせよ、作品を読むために必要なものに限定することで授業時間に余裕を持たせ、単に現代語訳して終わりとするのではなく、作品を読み深めたり、作品と自分との関わりを捉えたりする学習活動が行えるようにしていきたいところです。

一つ例を挙げましょう。高校入門期教材の一つに、今昔物語集の「検非違使忠明」があります。入門期教材だけに、押さえるべき語句・文法も少なく、脚注や部分訳を用いれば、話の内容を大まかに捉えることができます。授業では、歴史的仮名遣いを踏まえて音読することで読みを確認し、登場人物や話の展開を押さえたうえで、脚注の説明や次のような語句・文法を押さえて現代語訳していくのが一般的です。

語句：「あまた」「ゐる」「やうやく」「往ぬ」
文法：助動詞「けり」「む」「たり」、連語「にけり」、已然形＋「ば」、え＋打消

これらのうち、既習の教材に見られた語句・文法については意味や訳を再確認すればいいので、新出の語句・文法はさらに限られてきます。桐原書店の『探究言語文化』には「検非違使忠明」の前に宇治拾遺物語の「児のそら寝」が採録されていますが、ここには、「検非違使忠明」に見られる語句・文法のうち、助動詞「けり」「む」「たり」、連語「にけり」、已然形＋「ば」が見られます。古文編の第一教材のため部分的に現代語訳が付されていますが、現代語訳を通して語句・文法を確認していけば、第二教材の「検非違使忠明」ではその知識を利用して読むことができます。とかく古文の授業というと、助動詞の意味などの文法事項を教材本文に出てくるたびに指導しがちですが、既習の文法事項に関しては、生徒に読みの誤りやつまずきが見られない限りは確認程度に済ませ、新出の事項を中心に指導していくようにしたいところです。

既習の知識を利用して読ませたり、必要以上に文法に触れないようにしたりすることで文法の扱いが軽減されていけば、その分、授業では本文の読み取りを踏まえて教材の読み深めを行っていくことができます。「検非違使忠明」であれば、「この話には当時の人々のどのような思いが表れているか」と課題を提示して、生徒

に考えさせてみるといいでしょう。清水寺の橋殿で京童部に取り囲まれて殺されそうになった忠明は、そばにあった蔀戸を取り外し、脇に挟んで橋殿から飛び降ります。その際、忠明は清水寺の観音菩薩に「助け給へ」と祈り、そのおかげで助かったと忠明は人々に語り、人々はこの話を語り伝えたと本文では述べられています。奇想天外の忠明の話も、篤い観音信仰が人々にあったからこそ受け入れられ、語り継がれたものと考えられます。語句・文法を確認し、現代語訳するだけでは、このような作品の背後にある当時の人々の思いに触れることはできません。文法の扱いはその教材の読みに必要なものに限定し、教材の読み取りを踏まえて読み深めを行うようにしていくことで、生徒の古典への興味や関心を深め、広げていきたいものです。

とはいえ、逐語的に語句・文法を押さえ訳していく授業が現在でも高校古典指導の大勢を占めています。今後、文法偏重の是正という方向で古典指導の改善がさらに進んでいけば、それに伴って現代語の文法指導の位置付けも変わっていくかもしれませんが、現代語の文法指導は古典の学習指導と切り離して考えていくことが重要です。現代語の文法は、無意識の部分が大きいながらも、日常の生活や教科の学習で使用しています。普段の言語活動に使用している現代語の文法ならではの指導のあり方が考えられなくてはならないのです。

【注】

（1）大滝一登（2014）「高等学校での古典文法の指導を、どのように考えるか」『日本語学』第33巻13号、明治書院、16～25頁

（2）森村祐三子（2011）「古文に親しみをもたせるための教材の工夫」奈良県立教育研究所平成23年度研究集録および研究成果

（3）文学部日本文学・文化コース一年生必修科目「日本文学・文化入門B」において実施した、中学・高校の国語の授業に関するアンケートの回答から。掲載に際して、語句や表記を一部変更している。

（4）砂川有里子（1991）「文法指導から見た日本語教育と国語教育」『日本語学』第10巻9号、明治書院、42～50頁

（5）大平浩哉編著（1989）『高等学校国語科新しい授業の工夫20選〈第2集〉古文・漢文編』大修館書店、94～96頁

2-3 学校文法の問題点

1 学校文法と学校文法批判

学校文法は、橋本進吉の文法論（橋本文法）に準拠した文部省『中等文法』（昭和18年）に基づくものとされますが、この学校文法に対しては、主に日本語学の立場から数多くの批判がなされています。いわゆる「学校文法批判」と呼ばれるもので、学校文法の基盤となる橋本文法の問題点を批判したものです。

学校文法批判は昭和戦後期に展開されましたが、学校文法を一方的に批判する論調が随所に見られます。

・私たちが学校（大体は中学校）で教えられる「国文法」とか「学校文法」などと呼ばれているものは、記述の中身が不正確なことがあるだけではなくて、説明についても、あまり納得できるとは言えなさそうな場合がかなり見られます（1）。

・なぜこんなわかりきった事実（筆者注：「よもう」は単独で述語になる、文の述語として使われる場合、話し手の決意や相手へのさそいかけを表すのが普通で、その際、主語がないのが普通である）が説明されていないのか？　学校文法やそれのよりどころとなっている伝統的な文法論（橋本文法、時枝文法など）には、上のようなことを説明する場所がないから、説明のしようがないのである（2）。

ただ、ここで注意したいのは、「橋本文法＝学校文法」というわけではないということです。橋本進吉が著した教科文典『新文典』にしても、明治初期から昭和初期にかけての様々な教科文典を通して形成されてきた通説が踏まえられており、必ずしも橋本文法そのものではありません。また、文節が構文上の単位とされ、文節相互の関係から文の構成が説明されたり、連体詞が設定され、現在の十品詞が出揃ったりと、『中等文法』の独自性も見られます。さらに、森田（２０２０）によると、『中等文法』は編者の岩淵悦太郎の文法教育観に基づき、学習者自身が日常言語を観察し比較・分類するなどの活動を通して文法的な知識を帰納的に発見することが重視されており、学習者の能動的な学習活動が可能となるように、言語形式を重視して編纂された文法教科書となっています(3)。従来の学校文法批判は、こうした学校文法の性質が考慮されておらず、文法教育史の観点が欠落していると言わざるを得ません。

確かに学校文法には不備や問題点があり、それを批判することは容易いことです。しかし、日本語学上の問題点がなく、児童・生徒にとってわかりやすく学習しやすい、現行の学校文法に代わる教科文法が存在しない現状では、学校文法を誤ったものとして捨て去ることはできません。学習に支障をきたす不備や問題点は改善しながらも、学校文法の枠組みの中でどのような文法指導が行えるか考えていくべきです。

学習者が日常の言語使用を振り返って、自身が使用している言葉のきまりに気づき、その気づきを踏まえて日本語の文法のあらましを理解し、その理解を文章の読み書きに活かしていけるようにするためには、学校文法の問題点を確認し、それを学校文法の枠組みの中でどのように改善していくか検討していく必要があります。文法教育史における学校文法の位置付けには十分に注意する必要がありますが、ここでは代表的な学校文法批判を踏まえて、学校文法の問題点を確認しておくことにします。

2 学校文法構文論の問題点

構文論に関わる学校文法批判としては、三上（１９６３）、鈴木（１９７２ａ）、北原（１９８１）などが代表的ですが[4]、ここではこれらの先行研究を踏まえて、学校文法構文論の問題点を整理していくこととします。

（1）文の成分の認定の問題点

学校文法では、文節相互の関係から文の構成を説明しており、文節が相互に関係を結んで文を構成するとともに文の成分として働くとしています。しかし、文節の中には単独では文を構成できず、他の文節とひとまとまりとなって、文を構成するものがあります。

(1) 方法を　考えて　みる。(2) 雨や　風が　強い。(3) 大きな　公園が　ある。

(1)の「みる」は直前の「考えて」とひとまとまりで〈動作〉を表し、(2)の「雨や」は「風が」とひとまとまりで述語「強い」の〈主体〉を表しています。(3)の「大きな」も「公園が」とひとまとまりで述語「ある」の〈主体〉を表しており、これらの補助・並立・連体修飾の文節は単独で文を構成する成分とはいえません。

補助・並列・連体修飾の文節は、係り先の文節の直後や直前と文中での位置が固定されていますが、主語・述語・〈連用〉修飾語といった文の成分は、文中での位置が自由で、単独で〈動作〉や〈主体〉や〈対象〉などを表すことができます。この点が、「文の成分」と「文の成分を構成する要素」との大きな違いです。補助・並列・連体修飾の文節は文の成分を構成する要素であって、文を直接構成する成分ではないのです。

現行の教科書はこの点を考慮して、文節相互の関係と文の成分を区別して説明を行っていますが、文節相互の関係でも文の構成でも、主語・述語・修飾語・接続語という用語が用いられるため、「文節＝文の成分」と見えてしまいます。ここに学校文法の問題点があるといえましょう。

(2) 主語・述語の問題点

学校文法における主語・述語の説明を見ると、文節相互の関係から説明されていることもあって、例文の述語が自動詞や形容詞、名詞＋「だ」となっていることに気が付きます。

(4) 桜が 咲く。(5) 風が 冷たい。(6) 山田さんが 日直だ。

(4)〜(6)の述語は〈主体〉を表す成分のみを必要とするもので、これらの文は主語と述語の二文節であっても、文として不十分さは感じられません。一方、次の(7)〜(9)も主語と述語からなる文ですが、これだけでは省略された成分があると感じられます。

(7) 太郎が 紹介する。(8) 郵便局が ある。(9) 次郎は 詳しい。

(7)〜(9)の述語は〈主体〉の他にそれ以外の成分を必要とします。述語はその動作や状態を表すのに必要な成分を要求しつつ、それらを受け止めて文を形成します。そのため、述語の語彙的な意味によっては、〈主体〉を表す成分に加えて他の成分も必要とします。述語の表す意味のバリエーションを考えれば、主語と述語の二文節からなる文だけで述語の説明を行うのは不十分といえますが、このことが結果的に主語と述語からなる文の型を「基本文型」と見せてしまうのです。

また、主語についても問題点が見られます。学校文法では主語は格助詞「が」を含む文節とされるだけで、その性質について明確には説明していません。この説明の不十分さが、次の⑽・⑾のような文の扱いを難しくしています。

⑽ 野菜が 嫌いだ。 ⑾ 水が 飲みたい。

学校文法では、⑽の「野菜が」も⑾の「水が」も「何が」に当たるため「主語」とされます。ただ、「嫌いだ」や「飲みたい」という感情や欲求を持つ〈主体〉は、「太郎」や「私」などの人間であって、「野菜」や「水」など非人間的なものではありません。「野菜が」「水が」はいずれも感情・欲求の〈対象〉に当たる成分であり、⑽・⑾は述語が必要とする成分のうち〈主体〉を表す成分が省略されていると考えられるのです。

学校文法では個々の成分の文法的意味や機能が取り立てられず、専ら形式から文の成分が規定されています。このことが〈何が〉＝〈主語〉という定式を成立させてしまい、〈対象〉を表す「何が」までも「主語」と見せてしまうのです。

（3）連用修飾語の問題点

学校文法では、他の文節を詳しくする文節を「修飾語」としています。修飾語は係り先の文節の種類から分類され、用言を含む文節に係るものは「連用修飾語」、体言を含む文節に係るものは「連体修飾語」とされますが、修飾語は用言または体言を詳しくすると規定されるだけで、どのように詳しくするのかについては不問となっています。そのため、学校文法における修飾語、とりわけ連用修飾語には機能が異なる成分が混在しており、未整理なものとなっています。

⑿ 弟は 激しく 泣いた。

⒀ 夜の 学校は とても 静かだ。

⒁ 母は 姉に 相談した。

⒂ ぼくは 船から 鯨を 見た。

⑿の「激しく」は〈状態〉の面から述語「泣く」の意味を、⒀の「とても」は〈程度〉の面から述語「静かだ」の意味を限定しており、まさに「他の成分（ここでは述語）を詳しくする」成分といえます。一方、⒁の「姉に」は述語「相談する」の〈相手〉を、⒂の「鯨を」は述語「見る」の〈対象〉を表して述語の不足概念を補っており、単に「他の成分を詳しくする」だけの成分とはいえません。

また、同じく連用修飾語とされるものでも、述語との関係において異なりを見せています。⑿の「激しく」も⒀の「とても」も述語に要求される成分ではないのですが、⒁の「姉に」と⒂の「鯨を」は共に述語に要求される成分で、文を形成するのに必須の成分です。

このように、述語に要求されるか否か、述語を補足するか限定するかによって、学校文法における連用修飾語は大きく二つに分けられます。日本語学では、述語に要求され、述語を補足する成分を「補語」、述語に要求されず、述語を限定する成分を「修飾語」と呼んでいます。学校文法における連用修飾語は、その有り様によって補語と修飾語に分けられるのですが、同じく補語であっても〈主体〉を表す成分は「主語」として取り立てられるのに、〈対象〉〈相手〉などを表す成分はいわゆる副詞的修飾語とともに「連用修飾語」に一括されているのです。

この他にも、主格「―が」と主題「―は」を区別せず一律に主語とし、格関係と題述関係といった構文の次元の違いを認めていない問題点もありますが、中学校国語科においては発展事項に当たるため、ここでは問題があることを指摘するのみに留めておきます。

3 学校文法活用論の問題点

活用論に関する学校文法批判としては、鈴木（1972a）、奥津（1981）、加藤（1989）などが代表的ですが[5]、これらの先行研究を踏まえて、学校文法活用論の問題点を整理していくこととします。

（1）活用の定義と活用形の分類に見られる問題点

学校文法では「活用」を「語形の変化」としていますが、五段動詞「書く」であれば、終止形と連体形が「書く」、仮定形と命令形が「書け」となって、同じ語形であるにもかかわらず異なる活用形に分けられます。一方、未然形は「書か（ない）」と「書こ（う）」、連用形は「書き（ます）」と「書い（て）」となって、異なる語形であるにもかかわらず同じ活用形にまとめられます。同じ語形を異なる活用形に分けたり、異なる語形を同じ活用形にまとめたりと活用形の設定に問題が見られますが、こうした問題は、現代語の場合、動詞・形容詞・形容動詞のすべての語にわたって見られるものとなっています。

学校文法の六つの活用形は、古典語「死ぬ」の語形変化に基づいて設定されたものです。「死ぬ」は「死な」「死に」「死ぬ」「死ぬる」「死ぬれ」「死ね」と語形が変化しますが、古典語の動詞のうち六つに語形変化するのは、ナ行変格活用の「死ぬ」「往ぬ」のみで、活用によって変化する語形の数としては最も多くなっています。この語形変化を踏まえて、学校文法では未然形から命令形までの六活用形が設定されているのですが、あらゆる語の語形変化が捉えられる反面、現代語も含めて多くの語で活用の定義と活用形の分類に矛盾が生じる結果となっています。活用の種類ごとに「イ・イ・イル・イル・イレ・イロ」などと未然形から順に語形変化を暗記せざるを得ないのは、こうした問題点によるものということもできます。

（2）活用形の名称に関わる問題点

連用形・終止形・連体形は、切れるか続くか、続くとすればどんな種類の語かといった機能面からの命名となっていますが、未然形・仮定形・命令形は意味面からの命名となっています。機能面から命名するのか、意味面から命名するのか、活用形の命名に一貫性がないという問題点が学校文法には見られます。

また、各活用形の名称が正確に実体を示していない問題点もあります。未然形は「未だ動作が実現していない」という意味からの命名ですが、助動詞の「れる」「せる」が続いて「書かれる」「書かせる」となれば、「書か」の部分が動作の未実現を表すとは言いにくくなります。未然形の他に連用形、終止形、連体形、仮定形にも同様の問題が見られ、活用形の名称が正確に実態を表しているのは命令形のみとなっています。

学校文法では、各活用形に含まれる代表的な表現に基づいて活用形の名称を定めているため、各活用形の名称がそこに属す表現のバリエーションをすべて反映しているわけではありません。学習指導に当たっては、この点を教師の方でしっかり補足し、活用形の名称に関して生徒の理解を図っていく必要があります。

（3）語幹と活用語尾の認定方法に関する問題点

学校文法では、カ行変格活用の「来る」、サ行変格活用の「する」、「見る」「着る」や「得る」「出る」など二音節の上一段・下一段活用の動詞は、語幹と語尾の区別がない動詞とされます。奥津（1981）は語幹を「具体的・語彙的な意味を持つ」部分としていますが[6]、この定義に従うと、これらの動詞は語彙的な意味を持たない、もしくは、語彙的な意味が明確ではない動詞となってしまいます。このように、変格活用動詞・二音節の一段活用動詞の語幹を正確に認定できないといった問題が学校文法には見られます。活用表の語幹部分をどのように記すかの問題と相まって、この問題は学校文法式の活用表の難しさの要因となっています。

4 学校文法における助動詞の扱いの問題点

学校文法における助動詞の扱いについては、鈴木（1972a）、森山（1997）、山本（2001）などが取り上げていますが[7]、これらの先行研究を踏まえて、学校文法における助動詞の扱いの問題点を整理していくことにします。

（1）助動詞の認定に関する問題点

学校文法では助動詞を単語として認めており、現代語も古典語もこの立場に基づいて文法指導がなされていますが、日本語学では助動詞を単語として認めない立場も見られます。鈴木（1972b）は、語彙的な意味と文法的な意味を持ち、文の部分として働く単位を単語とし、助動詞は文法的な側面を形作る単語の部分であるとしています[8]。

ただ、助動詞を単語として認めない立場に立つとすれば、文法指導の内容は大幅に変更しなくてはなりません。高等学校の古典指導では助動詞が古文解釈のうえで重点項目と見なされていますが、助動詞を単語として認めないとすれば、古典語の文法指導の内容はもちろんのこと、古文解釈の方式も見直されることとなり、学習指導の現場に大きな変更を強いることとなります。文法偏重の古典指導が問題とされる中、品詞の認定にも及ぶ大きな改変は望まれるものではありません。

こうした事情を踏まえると、助動詞を単語と認定するのが現実的な扱いといえますが、そうかといって、学校文法における助動詞の認定に改善の余地がないというわけでもありません。特に複合辞を認定していない点には問題があります。例えば、「彼は喜ぶかもしれない」の「かもしれない」は、学校文法では、「か」（副助詞）＋「も」（副助詞）＋「しれ」（動詞の未然形）＋「ない」（打消の助動詞）と分けられますが、常にひと続きで用いられ、体言や用言の後に付いて、話し手（書き手）の捉え方（ここでは「不確実な推量」）を表しており、助動詞と同様の働きを果たしています。なお、「環境問題について意見を述べる」の「について」も、学校文法では、「に」（格助詞）＋「つい」（動詞）＋「て」（接続助詞）と分けられますが、常にひと続きで話題を表しており、助詞と同様の働きを果たしています。

助動詞・助詞と同様の働きを持つ複合辞については、細かく単語に分けて品詞に分類していくのではなく、ひとまとまりの語として意味・機能を捉えていくほうがよいといえましょう。そうすることで、文の構成が捉えやすくなり、文章の読みに活かしやすくなっていきます。

(2) 助動詞の説明に関する問題点

①助動詞「う・よう」の意味

学校文法では、助動詞「う・よう」の意味は［推量］［意志］［勧誘］とされていますが、［推量］の例文として次のようなものがよく挙げられます。

⒃ 彼も辛かろう。⒄ 誰が答えられようか。⒅ 午後になれば、雨も晴れよう。

ただ、これらの例文は現在日常的に使用されるものとはいえません。現代語で［推量］を表す助動詞は「だろう」であり、「う・よう」は［意志］［勧誘］を表す助動詞と見るべきですが、学校文法では「だろう」を助動詞と認めておらず、断定の助動詞「だ」の未然形＋推量の助動詞「う」としているのです。

「だろう」に関連して、助動詞「だ」の意味の説明についても問題が見られます。助動詞「だ」は［断定］の意味を表すとされ、「だろ、だっ・で・に、だ、な、なら、○」と活用すると説明されています。これに従えば「だろう」は［断定の推量］、「ならば」は［断定の仮定］を表すこととなりますが、「断定の推量」や「断定の仮定」というのは意味・用法の説明として矛盾があります。このようなことから、「だ」を助動詞から外し、「判定詞」という品詞とする立場もあります(9)。こうすれば、［断定］という意味ラベルの違和感をなくし、「だ」の働きを的確に捉えることができますが、品詞の数が増え、生徒の負担が増すといったジレンマがあります。

②助動詞「まい」の接続

実際の使用状況とのずれということでいえば、助動詞「まい」の扱いもその例として挙げられます。学校文法では、助動詞「まい」について、五段動詞には終止形に、それ以外では未然形に接続すると説明されています。これによると、カ変動詞の「来る」の場合は「来《こ》まい」、上一段動詞「見る」の場合は「見《み》まい」、サ変動詞「する」の場合は「しまい」ということになりますが、現在では「来るまい」「見るまい」「するまい」が一般的で、サ変動詞も一段動詞も五段動詞と同じく終止形に接続しています。

さらに言えば、助動詞「まい」自体が現在日常的に用いられる表現とは言いがたいものとなっています。現在では「ないだろう」や「ないつもりだ」が一般的と見ていいでしょう。現代語を扱う中学校の文法指導では「ないだろう」や「ないつもりだ」を前面に取り上げ、「まい」は注記で扱うようにするのが現実的です。そのような形になれば、「だろう」や「つもりだ」も助動詞または助動詞相当の語句として扱ったほうがよいということになり、助動詞相当の複合辞を認める必要性がますます高まってくることになるのです。

③助動詞「れる・られる」の例文

学校文法では、「れる」は五段動詞とサ変動詞の未然形に、「られる」は一段動詞・カ変動詞の未然形に接続するとされています。

⑲ 駅まで十分で行かれる。⑳ 朝五時には起きられない。

しかし、五段動詞を用いた可能の表現は「行ける」「書ける」「読める」などを用いるほうが一般的です。「行かれる」という形も使われることもありますが、実際には「行ける」のほうがより多く用いられており、「駅まで十分で行かれる」のような表現はあまり使われることがありません。

五段動詞と同様に一段動詞についても、可能を表す表現は「見れる」「食べれる」「起きれる」など「ら抜き言葉」が用いられることが多くなってきています。特に、話し言葉ではら抜き言葉はごく自然で、若者に限らず年配も用いているのが現状です。ら抜き言葉を「言葉の乱れ」とする立場も根強くありますが、これだけ広く用いられていることを考えると、ら抜き言葉に触れないわけにもいかないでしょう。「行かれる」のような五段動詞に「れる」が付いた形は例文から外して注記で示し、「起きられる」のような一段動詞に「られる」

が付いた形は ら抜き言葉を併記して、例文が現実と乖離しないようにする必要があります。

以上、構文論・活用論・品詞論（特に助動詞）にわたって、学校文法の問題点を見ていきましたが、これらの問題点は生徒の学習に少なからず影響を与えるものです。例えば、「見る」の語幹を「見」と書いてしまうのは、3の（3）の問題点によるものと考えられます。教師は生徒のこのような症状を「誤り」と判断しますが、学校文法批判が指摘してきたことから考えれば、生徒の理解不十分による「誤り」とは言い切れないことがわかります。実際に指導に携わる教師はこうした学校文法の問題点を十分心得ておき、指導の工夫によって生徒の「誤り」を回避していくようにしていきたいものです。

【注】

（1）町田健（2002）『まちがいだらけの日本語文法』講談社、11～12頁
（2）鈴木重幸（1972）『文法と文法指導』むぎ書房、34頁
（3）森田真吾（2020）「昭和10年代文法教育における指導内容の「収斂」―文部省『中等文法』の「独自性」について―」『国語科教育』第87号、50～58頁
（4）三上章（1963）『文法教育の革新』くろしお出版、鈴木重幸（1972a）『文法と文法指導』むぎ書房、北原保雄（1981）『日本語の世界6　日本語の文法』中央公論新社
（5）鈴木重幸（1972a）『文法と文法指導』むぎ書房、奥津敬一郎（1981）「〝せしめたしるこ〟―学校文法活用論批判―」『言語』第10巻第2号、大修館書店、18～26頁、加藤久雄（1989）「学校文法活用論について」『奈良教育大学国文研究と教育』第12号、54～64頁
（6）奥津（1981）20頁
（7）鈴木重幸（1972a）『文法と文法指導』むぎ書房、森山卓郎（1997）「「形重視」から「意味重視」の文法教育へ―21世紀の学校文法にむけて―」『日本語学』第16巻4号、明治書院、8～17頁、山本清隆（2001）「学校文法の問題点に関する総論的考察」『信州大学教育学部紀要』第102号、19～27頁
（8）鈴木重幸（1972b）『日本語文法・形態論』むぎ書房、28～33頁
（9）益岡隆志・田窪行則（1992）『基礎日本語文法―改訂版―』くろしお出版、25～28頁

3-1 文法指導の目的と方法
学習指導要領に見る文法指導のあり方

1 表現・理解の指導を通した文法指導

平成29・30年に告示された学習指導要領では、国語科の内容は〔知識及び技能〕と〔思考力、判断力、表現力等〕から構成され、音声・文字・語彙・文法などの言語事項は〔知識及び技能〕のア「言葉の特徴や使い方に関する事項」に含められています。〔知識及び技能〕は、国語で正確に理解し適切に表現するために必要な知識・技能の育成を目指したものですが、その指導については、特定の事項だけ取り上げて繰り返し指導したり、それらをまとめて指導したりすることができるとしながらも、「話すこと・聞くこと」「書くこと」「読むこと」の指導を通して行うことを基本としています。

> 各学年の内容の〔知識及び技能〕に示す事項については、〔思考力、判断力、表現力等〕に示す事項の指導を通して指導することを基本とし、必要に応じて、特定の事項だけを取り上げて指導したり、それらをまとめて指導したりするなど、指導の効果を高めるように工夫すること。

中学校の国語教科書は、学年につき二〜三つの教材を通して文法を学ぶこととなっていますが、これは文法事項ごとにまとめて指導することで学習内容の定着をねらったもので、そこで得られた知識や理解を「話すこと・聞くこと」「書くこと」「読むこと」の学習指導に活用させせなくては、学習指導要領が求める学習指導となっていきません。

昭和22・26年学習指導要領（試案）以降、国語科における文法の指導は「話すこと・聞くこと」「書くこと」「読むこと」、つまり表現・理解の指導を通して行うこととされてきました。この立場は現在も踏襲されていますが、現場の実際の指導を見てみると、教科書や副読本を用いて文法用語や定義などを学び、練習問題を通してその定着を図るといったものが一般的で、表現・理解の学習指導を通して文法を学ぶといった授業はほとんど見られません。学習指導要領が求める指導が十分なされていないといっていいでしょう。

文法指導はその方法から、文法事項を体系的に指導する「取り立て指導」と、表現・理解の指導の中で機会的に文法を指導する「取り上げ指導」に分類することができますが、従来の文法指導は取り立て指導が中心で、それも文法事項の教え込みに終始したものでした。従来の指導の反省に立って、実際に指導に当たる教師が「読むこと」「書くこと」の指導の中で、そこに現れる表現や問題となる表現に着目し、文法を用いて読みを深めたり、文章を適切・効果的なものにしたりしていけるようにしていく必要があります。また、教科書教材を用いた取り立て指導においても、「読むこと」「書くこと」で活用できるように、表現・理解との関連付けを図りながら文法指導を行っていく必要もあるといえましょう。

2 「書くこと」における文法の扱い

書くことに文法を役立てる取り組みは、文法指導の研究や実践が盛んに行われた、いわゆる「文法ブーム期」（昭和20年代後半から30年代にかけて）を中心に行われてきましたが、その扱いは記述における扱いと推敲における扱いに分けられます。

推敲における扱いとは、文法の知識・技能を活用して、文章中に文法的な不具合がないかチェックし、不具合があれば修正していくことです。不具合の要因と修正の方法を学ぶことで、書き言葉として的確な文章に整える力を養うことができます。ただ、推敲の観点は文法に限られるものではありません。言語形式面に関するものでも、表記・語句・文体などが挙げられますし、文章の構成・内容面に関するものも挙げられます。文法的不具合のチェック、修正はあくまで推敲の一つの観点であり、その他の観点も加味して文章を吟味していく必要があることを忘れてはなりません。

一方、記述における扱いとは、文法の知識・技能を活用して文法形式を使い分け、適切に文を書き分ける力を養うことです。接続表現や文末表現などの文法形式に着目し、その働きと使い分けを学ぶことで、表現の目的や意図に応じて効果的に文章を書く力を養うことができます。ただ、諸形式の働きや使い分けを学ぶといっても、教師が知識として教え込むのではなく、説明的文章を読む際に、文章の内容や展開を踏まえて当該の形式の働きを説明したり、論理的な文章を書く際に、教科書教材に示された表現例に着目して、文法的な働きを同じくする表現の使い方・使い分けを確認したりすることを通して学べるようにしたいところです。

3 「読むこと」における文法の扱い

読むことに文法を役立てる取り組みも「文法ブーム期」を中心に行われてきましたが、文章を読む際に文法的分析が不可欠かといえば、決してそうではありません。特に、文学的文章の場合、作品の面白さに惹かれ、自らの興味・関心に従って読みを追究していく生徒にとって、文法的分析が煩雑に感じられることもあるかもしれません。

では、読むことにおいて文法はどのように扱うべきでしょうか。初読の段階で学習課題を設定し、それに従って読み進めていく中で、文法的な分析が学習課題の解決や読みの深化につながる場合は、文法の知識を利用し、文法的な観点を用いて読んでいくようにするのがよいでしょう。なお、説明的文章の場合、接続表現や文末表現に着目することで、文章の展開や筆者の主張を読み取ることができる場合が多いため、文法的に分析をしながら読むことが有効となってくる面があります。

読むことの場合、当該の文章の読解・解釈に文法的な分析が有効か、有効な場合、文法形式に着目して読み進めるのがいいのか、自己の読みを文法的に分析させるのがいいのか、教師の方で事前によく見定めておくことが必要となってくるのです。

4 日常の言語使用の振り返りと気づきを重視した文法指導

学習指導要領では〔知識及び技能〕の指導について、実際の言語活動に生きて働く知識・技能の育成を目指して、生徒が日常の言語使用を振り返って学習できるようにすることが重要とされています。

> 日常の言語活動を振り返ることなどを通して、生徒が、実際に話したり聞いたり書いたり読んだりする場面を意識できるよう指導を工夫すること。

また、その指導に当たっては、生徒自身が言葉の特徴やきまりに気付けるようにしたり、日常の言語活動に生かすことを意識させながら学習できるようにしたりすることが重要とされています。

> 生徒が、日常の言語活動の中にある言葉の特徴やきまりなどに気付くことや、学習したことを日常の話したり聞いたり書いたり読んだりする場面に生かすことを意識しながら学習できるようにすることが重要

である(1)。

平成10年学習指導要領以降、言語事項の指導は「日常の言語活動を振り返り言葉のきまりについて気付かせ、言語生活の向上に役立てることを重視する」こととされており(2)、その規定が現行の学習指導要領にも受け継がれています。

生徒にとって国語の授業で学習する文法事項のかなりの部分は、これまでの言語生活を通してすでに習得しており、無意識ながらも日常の言語生活で使用しているものです。ただ、日常生活の中で経験的に習得したものであるため、誤って使用していたり適切または効果的に使用できていなかったりする面もあります。日常の言語使用を振り返らせることで、無意識のうちに使用している文法を自覚化させ、正しく、効果的に使用できるようにしていく、これが文法指導の重要な役割の一つとなってくるのです。

5 文法指導の留意点

中学校国語科の文法指導といえば、文法用語や定義の教え込みに陥りがちであることがこれまでも問題とされてきました。特に戦前の中学校における国語教育では、文法の時間が特設され、学習者の興味や必要性が考慮されることなく、文典(文法教科書)をたよりに文法知識が教え込まれてきました。戦後の文法指導は、こうした戦前の形式的な文法指導の反省に基づいて、実際の言語生活に役立つものが求められ、表現・理解の言語活動のなかで機能的に指導することが重視されました。

昭和26年版学習指導要領(試案)では、文法は「話すとか、聞くとか、読むとか、書くとかいう日常の言語生活の場面に関係づけて習得させせなければならない」とされ、学習指導上の注意点として次のような注意喚起がなされました。

文法学習に当って、まず、規則とか、用語とかをあげ、それにあてはまる例をわざわざ作って反覆練習させることは適当な方法といえない。文法はでき上がった規則を与えるというのではなく、経験によって得られた事実を整理し、まとめ上げていくものとして指導されなければならないのである。

文法用語や規則の教え込みと練習問題の繰り返しによる学習指導が戒められていますが、同様の注意喚起は昭和33年版から平成10年版まで学習指導要領において繰り返しなされてきました。

・昭和33年　機械的な暗記，形式的な文例の学習に陥らないように特に留意して指導する。
・昭和43年　細部にこだわったり、形式的になったりしないようにする。
・昭和52年　内容の取扱いが必要以上に細部にわたったり形式的になったりしないように注意する必要がある。
・平成元年　事項の取扱いが必要以上に細部にわたったり形式的になったりしないよう注意すること。
・平成10年　必要以上に細部にわたったり形式的になったりしないようにすること。

平成20年版以降の学習指導要領にはこうした規定は見られませんが、それはこれまでの学習指導要領によって十分に注意喚起がなされてきたとの判断によるものであって、指導の現場では引き続き「機械的な暗記」「形式的な文例の学習」「必要以上に細部にわたる扱い」とならないよう注意しなくてはなりません。表現・理解の指導を通した文法指導、日常の言語使用の振り返りと気づきを重視した文法指導を可能とするためにも、文法知識を網羅的に教え込み、練習問題で定着を図るだけの形式的な文法指導に陥らないよう注意していきたいものです。

【注】

（1）文部科学省『中学校学習指導要領解説国語編』（平成29年）138頁

（2）平成10年の学習指導要領解説には、「日常の言語活動を対象化し、そこに言語法則があることを自覚する力としての言語を操作する能力の育成は、言語生活の向上を図る上でもとりわけ重要なものである」といった記述もあり、メタ言語能力の育成とその重要性についても触れられている。（文部科学省『中学校学習指導要領解説国語編』（平成10年）109頁）

3-2 文法指導の目的と方法
気づきのある文法指導

① 日本語学から提唱された文法指導論

気づきを重視した文法指導は、昭和20年代後半にすでに見られましたが、平成に入って、国語科教育に関わりの深い日本語学研究者から相次いで提唱されました。

雑誌『日本語学』（平成9年4月号）では「21世紀の学校文法」と題して特集が組まれ、学校文法の問題点の指摘や改善の方向性の提唱がなされていますが、この中で、加藤（1997）は「学習内容があってそれを理解することを中心とする学習から、言葉の決まりを発見していく過程こそが学習である」として、「発見学習への転換」の必要性を指摘しています[1]。

また、『月刊国語教育』（平成10年1月号）では「言葉と内容の接点を探る―文法指導の最前線」と題して特集が組まれ、新たな文法指導のあり方の提唱がなされましたが、この中で、矢澤（1998）は「「文法的に考える」ことが必要なのであって、必ずしも網羅的に学習することは必要ありません。「文法的に考える」とは、ある種の文法理論を修得しその理論を借りることではなく、自ら文のきまりを見出そうと試みることです」と述べて、実際の表現の中で「文法的に考えること」の必要性を指摘しています[2]。この後も日本語学の立場から同様の趣旨の提唱が相次ぎ、その理念は国語科教育でも共有されるようになってきました。

・単に知識を授けるというのではなく、身近な言語生活のなかから文法的な事項を発見させるような学習に切り替えていくことで、生徒の興味関心を喚起し文法的事項の理解を深めていくことが可能になる(3)。

・ことばのきまりやはたらきを教え込み覚え込ませるのではなく、学習者自らが体験的に発見していく過程があること(4)。

・文法学習では「考える過程」こそが大切なのであり、「内容暗記」的学習そのものをゴールとする必要はない(5)。

この流れを受けて、国語教科書の文法教材にも変化が見られるようになってきました。日常の言語表現や現象を題材にしたコラムが設けられ、生徒の興味や疑問を喚起して学習の動機付けや方向付けを図ったり、考える・気づくが可能な作業を行ってから解説を行ったりと、いくつかの教科書で文法教材の作り方や編成が大きく変わっています。教科書教材が実際の指導で果たす役割は大きいだけに、教科書教材の変化は現場の指導を変えるきっかけを与えたといえましょう。

2 気づきのある文法指導

では、気づきのある文法指導とはどのようなものでしょうか。砂川（1991）は「日常何気なく使っている言葉が一定のきまりにしたがって用いられているものであることを、観察や反省を通じて発見させるということが文法指導の一つのあり方となる」と述べて、「発見を促す文法指導」を提唱しています(6)。また、林（2004）は「自分の言語をよく観察するとともに自らの言語運用を内省し、そこからその言語を成り立たせている原理を発見・感得することが重要である」と述べて、こうした過程を持つ文法教育こそが、「健全な文法感覚」の発達を促すとしています[7]。このように、身近な表現を観察しながら、文法の法則性に気づかせ、発見させる、いわば「観察・発見の文法指導」が、生徒主体の文法学習を可能とし、学習者の文法理解を実感の伴ったものにしていく指導の形とされているのです。

観察・発見の文法指導は、生徒主体の学習や実感の伴う文法理解を可能にするとともに、メタ言語能力の育成も可能とします。メタ言語能力とは、「言語を客体化し、言語に省察を加える能力、メタ言語（筆者注：言語について語る言語）を操る能力」のことで[8]、大津（1989）は、メタ言語能力が洗練された言語感覚の基盤を作り、豊かで確かな言語運用を可能にしていくとしています[9]。観察から得た文法的な気づきを言語化し、相手の理解を目指して説明していくことで、メタ言語能力や相手に伝わる説明力を育成しつつ、それを通して効果的な言語運用の基盤を築いていくことができると期待できます。

3 観察・発見の文法指導の過程

では、観察・発見の文法指導はどのように進めればいいのでしょうか。本書では、遠藤（1958）、中沢（1980）、竹川（1983）を参考にして[10]、次のような指導過程を設定します。

（1）学習への動機づけを図る段階　～学習指導の導入～
（2）観察・発見を行う段階　～学習指導の展開～
（3）知識化する段階　～学習指導のまとめ～

以下、（1）～（3）の各段階について詳しく見ていきます。

（1）学習への動機づけを図る段階　～学習指導の導入～

学習指導の導入では、身近な表現を用いて学習者の文法感覚を喚起しつつ、学習内容に興味・疑問を抱かせ、学習の動機づけを図っていきます。

文法を含む言語事項の導入指導については、伊坂（2000）の次の指摘が参考になります。

〔言語事項〕の学習の入り口には、生徒らが「なぜ？　どうして？」という疑問を抱くような、学習の動機付けとなる問題提起があることがよいと思われる。例えば、動詞の活用についての学習の入り口として、なぜ「食べる」は「食べます・食べない」なのに、「落とす」は「落とします・落としない」とならないのか、という問題提起である。こういう、あたりまえのことを不思議に思ってもらえるような仕掛けが求められる(11)。

普段無意識に使っている言葉について「なぜ」「どうして」と不思議に思わせることによって、文法に対する興味や関心を喚起し、文法について考え、学ぶ意欲を引き出すことができます。この際、教師は生徒が抱いた疑問や考えの中から、学習事項のポイントと一致し、観察・発見に結び付くものを取り立てて、学習課題を提示するようにします。また、学習のポイントと一致する観察・発見の学習活動を事前に用意しておき、導入時に生徒が抱いた疑問や考えがそこに結び付くようにしていくこともできます。こうすることで、生徒主体の学習活動が設定できるとともに、生徒の文法感覚を活かして学習活動を行わせることができるのです。

（2）観察・発見を行う段階　～学習指導の展開～

学習指導の展開では、身近な表現を資料として観察や仮説検証を行い、そこから得られた文法的気づきや発見を言語化して、交流させていくようにします。

まずは、観察対象となる言語表現を見つめ、自らの文法感覚に基づいて気づきを形成させていきます。ただ、気づきを形成するといっても、生徒の気づきには様々なレベルが存在します。「太郎が自転車で逃げた泥棒を追いかけた。」という文であれば、「あいまいだ」といった素朴な気づきもあれば、二通りの解釈とその理由に関わる気づきもあるでしょう。観察の取り掛かりとして素朴な気づきは重要ですが、単なる印象の羅列に終始させてはなりません。文構造や用法の理解に結び付けるためにも、学習材の選定や観察の観点の提示など、教師による活動の組織化が不可欠です。生徒の気づきを引き出すために、文構造や用法が捉えやすい用例を予め選定しておいたり、教師の問いかけや発問、または学習シートの指示を通じて、観察の観点を示したりしておくことが重要です。なお、仮説検証法の場合は、観察から得られた気づきを基にして仮説を立て、言語資料を用いてその仮説を実際に検証させていくこととなります。

次に、観察から得た気づきを言語化し、生徒相互で交流させていきます。他者への説明を目指して言語化することで、直観的で断片的だった生徒の気づきも整理され明晰なものとなっていきます。また、グループでの話し合いを通して他者の気づきに触れることで、自分の気づきを補強したり、新たな気づきを得たりすることができ、文法に対する理解を深めることができます。なお、仮説検証の場合は、話し合いを通じて検証結果を整理し、法則として一般化していくことが目指されます。

メタ言語能力や相手に伝わる説明力を育成するには、この「言語化」の活動が非常に重要となります。中山（２００８）は、日本語母語話者の文法説明に文法用語を用いた形式的な説明が見られることを指摘し、文法的な説明能力の育成が図られる文法指導へと転換すべきだと述べています[12]。文法用語や定義もただ暗記させるだけでは、文法の理解に結び付かず、説明力の向上にも寄与しません。生徒の気づきや発見を言語化し、交流させるこの活動は、生徒の文法感覚を踏まえた文法説明を可能とするとともに、実感を伴って学校文法を理解できる素地を築いていくものと期待できます。

（3） 知識化する段階 ～学習指導のまとめ～

学習指導のまとめでは、観察・発見で得た気づきや発見を学校文法と結び付けて知識化を図っていきます。まず、生徒の気づきや発見を発表させ、教室で共有していきます。生徒相互の交流を通して気づきや発見は深められ、かなりの程度まで文構造や用法を捉えていると予想できます。そこで、生徒が形成した気づきや発見に対して、教師が学校文法を踏まえて明示的な説明を加えていくようにします。こうすることで、生徒の気づきや発見は意味づけられ、自らの文法感覚と学校文法が結び付き、学校文法の理解と定着が図られていくのです。

ただ、文法学習の結果としてどのような形を採るかは議論が分かれるところです。帰納的文法学習を提唱する森（２００４）は、生徒相互の議論を通して客観化された認知形式であれば、どのようなラベル付けでも容認するとしつつも、概念的な深まりが達成された後には、最小限度の用語と結び付けることが必要だとしています[13]。本書ではこれを「学校文法との結び付け」と捉えていきます。学校文法の用語や定義も一方的に教え込むのでは生徒に受け入れられませんが、生徒の気づきや発見と結び付ければ、実感を伴った理解を可能とし、その定着も促進されるものと期待できます。

4 文法感覚の活用と育成

観察・発見を通して文法の気づきを形成していくには、文法に関する言語感覚、いわば「文法感覚」が重要になってきます。ここでいう「文法感覚」とは、竹長（2011）における「言語感覚」の概念規定(14)を踏まえたもので、「実際の言語表現に見られる文法現象に関して正誤・適否などの観点から行う直観的判断・評価能力」のことです。中沢（1980）もいうように、日常生活の中で経験的に形成されるものですが、それゆえに欠陥や誤り、不十分さを有しており(15)、学習指導を通して、言語活動を適切かつ効果的に展開していける文法感覚へと育成することが望まれます。

では、文法感覚の活用と育成はどのように図っていけばいいのでしょうか。導入の段階では、生徒の文法感覚を利用して学習に対する興味を喚起し、展開の段階では、生徒が自らの文法感覚を活用して学習活動を進めていきます。学習を通して形成された知識・技能は、表現・理解の言語活動に適用することで、生徒の文法感覚が強化されていきます。気づきのある文法指導は、文法感覚の活用と育成が図られる指導法といえましょう。

これからの文法指導は知識注入型の暗記指導から、観察・発見を組み込んだ体得・感得的な指導へと転換していくべきです。「学習者主体の学習が確保できる」「実感を伴った理解を可能にする」「学習者のメタ言語能力が向上する」など様々な効果が期待されますが、残念ながら現場での実践が進んでいるとは言い難い状況です。本書では4章において、観察・発見を組み込んだ文法指導の例を挙げていきます。実際の授業を考える際に参考にしていただき、観察・発見を組み込んで文法指導を行っていただけたらと思っています。

【注】

(1) 加藤久雄(1997)「品詞論をどう見なおすか」『日本語学』第16巻4号、28~38頁
(2) 矢澤真人(1998)「日本語の表現と文法」『月刊国語教育』第201号、18~21頁
(3) 安藤修平(2002)「文法論・文章論・談話論の学習指導に関する研究の成果と展望」全国大学国語教育学会(編)『国語科教育学研究の成果と展望』明治図書、370頁
(4) 伊坂淳一(2004)「言語事項の学びのあり方としての漢字学習」『三省堂国語教育ことばの学び』第6号、4頁
(5) 森山卓郎(2004)「文法学習の再検討」『月刊国語教育』第288号、29頁
(6) 砂川有里子(1991)「文法指導から見た日本語教育と国語教育」『日本語学』第10巻9号、明治書院、45頁
(7) 林史典(2004)「母語の運用と文法教育」『月刊国語教育』第288号、39頁
(8) 岡田伸夫(1998)「言語理論と言語教育」『岩波講座言語の科学11言語科学と関連領域』岩波書店、158頁
(9) 大津由紀雄(1989)「メタ言語能力の発達と言語教育―言語心理学からみたことばの教育」『言語』第18巻10号、32頁
(10) 遠藤嘉基(1958)「文法教育の意義」『続日本文法講座4指導編』明治書院、1~18頁、中沢政雄(1980)『中学校新文法指導法の開発』東京書籍、竹川久雄(1983)「理解と表現に役立つ文法指導―取り立て指導の工夫(中学校)―」『月刊国語教育』第20号、68~73頁
(11) 伊坂淳一(2000)「『言語事項』におけるこれからの学び」『三省堂国語教育』第44号、15頁
(12) 中山英治(2008)「日本語母語話者の文法知識とその説明能力―中学入試国語問題の文法問題を利用したアンケート調査から―」『国文学会誌』第34号、59~72頁
(13) 森篤嗣(2004)『学校文法拡張論―インダクティブ・アプローチに基づく文法教育の再構築―』大阪外国語大学言語社会学会、55~67頁
(14) 竹長吉長(2011)「言語感覚」『国語教育総合事典』朝倉書店、606~608頁
(15) 中沢政雄(1980)46頁

3-3 文法指導の目的と方法
論理的思考力・表現力の育成につながる語句・文法の指導

1 はじめに

国際化・情報化の進む現代社会において、自らの考えや意見を論理的に形成し、的確に表現する力は様々な場面で求められています。文化審議会答申「これからの時代に求められる国語力について」では、国語科教育で育てる大切な能力として「情緒力」「論理的思考力」「語彙力」を挙げていますが、論理的思考力の育成については文章を書くことの指導や自分の考えや意見を述べる機会を多く設けることが必要であるとしています(1)。学校教育法や学習指導要領でも思考力・判断力・表現力の育成が重視されており(2)、思考力・表現力の育成、とりわけ論理的思考力・表現力の育成は国語科教育において重要な課題といえましょう。

平成29・30年告示の学習指導要領では、国語科改訂のポイントの一つとして「語彙指導の改善・充実」が掲げられています。語彙の指導は国語の基礎的な知識・技能を育成するものとしてこれまでも重視されてきましたが、中学校学習指導要領解説では、語彙指導の方向性について次のように述べられています。

> 語彙を豊かにするとは、自分の語彙を量と質の両面から充実させることである。具体的には、意味を理解している語句の数を増やすだけでなく、話や文章の中で使いこなせる語句を増やすとともに、語句の意味や使い方に対する認識を深め、語感を磨き、語彙の質を高めることである(3)。

理解語彙の拡充に留まらず使用語彙を拡充していくこと、語句の意味や使い方に関する認識を深めていくことの重要性が指摘されています。語彙指導は「話すこと・聞くこと」「書くこと」「読むこと」のいずれの領域にも関連しますが、実際の授業では、形式や意味に着目して語句の様相を理解していくとともに、「読むこと」の学習の中で語句の使われ方を知り、「書くこと」「話すこと」の学習の中で語句の使い方を身に付けていくようにしたいものです。

また、学習指導要領では、国語科改訂のポイントの一つとして「情報の扱い方に関する指導の改善・充実」も掲げられており、国語科で育成する〔知識及び技能〕の一つとして「情報の扱い方に関する事項」が新設されています。急速に進展する情報化社会に対応して、様々な媒体から情報を収集し、収集した情報を整理して、発信したい情報を表現する力を育成していくためですが、こうした情報の扱い方に関する知識・技能の育成も論理的思考力・表現力の育成につながります。

文章に含まれている情報と情報との関係を捉えたり、自分のもつ情報を整理して、その関係を明確に示したりすることは、文章を正確に理解し、適切に表現することにつながります。この際に気を付けたいことは、文章の語句や文法に基づいて情報と情報との関係を捉えていくということです。そうすることで、文章の内容や要点、筆者の説明の仕方を的確に捉えることができ、自分が持つ情報や考えを適切な語句・文法を用いて表現することができるのです。

2 「読むこと」「書くこと」の学習指導で取り上げたい語句・文法

学習指導要領では、〔知識及び技能〕の「言葉の特徴や使い方に関する事項」の一つに「文や文章」に関する指導事項が位置付けられています。このうち、中学校では文を構成する成分の関係や単語の種類・活用、付属語の意味・用法、文と文の接続の関係、段落の役割や文章の構成などを指導することとされていますが、「読むこと」「書くこと」の学習と関連付けを図るなら、機能語に該当する語句とその用法に着目していくことが有効です。

機能語とは「意味内容が希薄でもっぱら一定の文法的機能を果たすために用いられる」語のことです(4)。機能語の中心は学校文法における助動詞と助詞ですが、いわゆる複合辞も含んでいます。複合辞とは「いくつかの語が複合して、全体として助動詞・助詞として機能するようになったもの」で(5)、「に違いない」「なければならない」などの複合助動詞と「について」「からには」などの複合助詞に分けられます。こうした複合辞は、一般的な文章はもちろんのこと、国語教科書における説明的文章にも多用されており、文章内容を理解するうえで重要な表現になっています。渡辺(2017)は、国立国語研究所のBCCWJ(現代日本語書き言葉均衡コーパス)のデータを用いて、国語教科書における複合辞の学年別使用状況を調査していますが、その結果から小学校中学年以降の国語教科書において複合辞が多用されており、複合辞に着目することが文章を理解したり作文を書いたりするうえで有益であると指摘しています(6)。

ところが、国語科の学習指導に用いられる学校文法では、文が単語ごとに分割、品詞分類されるため、複合辞の持つ意味・機能が捉えにくくなっています。この点を捉えて、渡辺(2018)は「いわゆる学校文法の中で、『複合辞』という概念は積極的に扱われていない。むろん、どの表現を重要な複合辞として扱うべきかという指標も明らかになっていない」と批判しています(7)。ただ、国語科における文法指導でも、複合辞を含めて文末で用いられる機能語を「文末表現」として扱い、意味カテゴリーごとに整理して示す取り組みがなされていたこともあり(8)、複合辞がまったく取り上げられてこなかったわけでもありません。ただ、文法教材における文末表現の扱いは縮小されてきており、文法学習を通して文末表現に関する知識・技能が形成され、文章の表現・理解に役立てられるという可能性も低くなってきています。学校文法の枠組みは守りつつも、文法指導において複合辞を取り上げるようにし、そこで形成された知識・技能を「読むこと」や「書くこと」の学習指導に活かしていくようにしていくべきです。

文章の理解や表現に大きく関わる機能語といえば、助動詞・助詞、それらに相当する複合辞の他に、接続詞を挙げることもできます。接続詞は説明的文章に多用され、文章内容を理解するうえで重要な表現になっています。また、事象を説明したり自分の考えを論じたりする際に、接続詞を用いることで文章を論理的に構成することができます。接続詞については、副詞や指示詞との境界が問題とされますが、石黒（２００８）は接続詞を「独立した先行文脈の内容を受けなおし、後続文脈の展開の方向性を示す表現」とし(9)、一般に副詞・指示詞とされるものでもこの定義に当てはまる表現は接続詞に分類しています。本書もこの定義に従いつつ、複合辞の観点も加味しながら接続詞を認定していきます。そうすることで、従来は副詞とされてきた「ただ」「むしろ」、連語とされてきた「このように」「そうすると」などを接続詞と認定することができ、文章の展開が捉えやすく、文章を論理的に構成しやすくなってきます。学校文法の枠組みは守りつつも、文中での機能を重視して接続詞を認定していくことで、接続詞に関する知識・技能が「読むこと」や「書くこと」の学習指導に活かされていくものと期待できます。

3 「思考に関わる語句」とは

情報と情報との関係や筆者の説明の仕方を捉えながら文章（説明的文章）の内容や要点を論理的に捉えたり、取材で得た情報を基に思考した内容を論理的に書き表したりしていくには、論理関係を表す接続表現や、自分の考え、意見を表す表現に関する理解とそれらの適切な使用が必要となってきます。小学校学習指導要領解説ではこうした語句を「思考に関わる語句」としてまとめ、次のような例を挙げています。

思考に関わる語句とは、「しかし」のように情報と情報との関係を表す語句、「要するに」のように情報全体の中でその情報がどのような位置付けにあるのかを示唆する語句、「考える」、「だろう」のように文の中の述部などとして表れる思考そのものに関わる語句などを指す。また、「〜は〜より…」、「〜は〜に比べて…」のように複数の情報を比べる場合や、「〜が〜すると…」、「〜になった原因を考えてみると…」のように原因と結果の関係について述べる場合の言い方なども含まれる[10]。

接続詞をはじめとして、思考・判断を表す動詞や助動詞、比較や条件を表す文型など、単語から文型まで形式を跨いで語句が挙げられていますが、こうした文法的機能を果たす語句はまさに「機能語」に分類されるものです。

また、中学校学習指導要領解説では、複合辞について次のように述べられています。

「について」、「に関して」などの助詞と同じ働きをもつ語句や、「かもしれない」、「に違いない」などの助動詞と同じ働きをもつ語句について、文脈の中でどのような働きをしているかに注意して、話や文章の中で使うことができるようにすることが重要である[11]。

語彙指導というと、言葉集めを行ったり、語句の意味を調べたりといったことがイメージされますが、こうした語句を意識しながら文章を論理的に読んだり書いたりすることも、「読むこと」「書くこと」における指導という意味で語彙指導の一側面といえます。

さらに、こうした語句を意識しながら文章を読んだり書いたりすることで、情報と情報の関係や筆者の説明の仕方を的確に捉えたり、情報と情報の関係を押さえて自身の捉え方を明確に書き表したりすることにつながります。このように語彙指導と情報の扱い方に関する指導には接点があり、こうした接点を意識して「読むこと」「書くこと」の学習を考えていくことが、論理的思考力・表現力育成の観点からも重要となってくるのです。

4 論理的思考力・表現力の育成に向けて

以上、「読むこと」「書くこと」における語句・文法の扱いについて述べてきましたが、最後に、思考と言語表現の関わりを踏まえた指導のあり方と文法指導との関連について述べておくこととします。

米田（2006）は、国語科で育成する説明力について、説明の特性に基づいて言語技能を育成するとともに、その言語技能に伴う思考力を指導することも対象になるとして、「このような考え方」（思考）をするので、「このような言い方・書き方を駆使して」（言語技能）、「具体的にはこう言った（書いた）」（具現化された言語活動）という仕組みを指導する必要があるとしています(12)。思考と言語表現の関わりを重視して説明力を育成していく指導の重要性を説いていますが、こうした指導の方向性は論理的表現力育成全般に共通するものといえましょう。思考を表す語句（機能語）に着目して読んだり書いたりすることは、語句の使い方への習熟を図り、論理的思考力・表現力の育成につながるものとして非常に重要と考えます。

また、文法指導との関連については、先に複合辞を取り上げる必要性について述べましたが、複合辞にせよ連語にせよ、いくつかの語がまとまって、どのような機能を果たすのかを捉えることが重要であり、そのためには助動詞、助詞、接続詞の機能を十分に理解させることが必要です。例えば、「だろう」「にちがいない」「と考えられる」は、いずれも書き手の判断を表し、助動詞と同様の機能を果たす語句ですが、助動詞の機能と合わせてそのことを助動詞の学習の中で理解させたうえで、「だろう」は〈推量〉、「にちがいない」は〈確実性の高い推量〉、「と考えられる」は〈合理的判断に基づく結論〉といった各語句が表す判断の有り様を理解させていきたいところです。そのためには「読むこと」「書くこと」の学習において各語句の意味や使い方を学ぶとともに、文法学習において文法的な観点から各語句の分類や機能を学ぶことが必要と考えています。

【注】

（1）文化審議会「これからの時代に求められる国語力について」（平成16年）12頁
（2）学校教育法第三〇条第二項や小学校学習指導要領（平成29年）第一章総則など
（3）文部科学省『中学校学習指導要領解説国語編』（平成29年）8頁
（4）日本語学会編（2018）『日本語学大辞典』東京堂出版、211頁
（5）日本語学会編（2018）、790頁
（6）渡辺由貴（2017）「BCCWJ国語教科書データにおける複合辞の学年別使用状況―国語教育での指導の可能性―」『早稲田日本語研究』第26号、1～12頁
（7）渡辺由貴（2018）「BCCWJ教科書データにおける複合辞の教科別使用状況―国語教育を視野に―」『国立国語研究所論集』第15号、195頁
（8）山室和也（2008）『文法教育における構文的内容の取り扱いの研究』溪水社、128～147頁
（9）石黒圭（2008）『文章は接続詞で決まる』光文社、27頁
（10）文部科学省『小学校学習指導要領解説国語編』（平成29年）119頁
（11）文部科学省『中学校学習指導要領解説国語編』（平成29年）78頁
（12）米田猛（2006）『「説明力」を高める国語の授業』明治図書、35～36頁

3-4 文法指導のシフト転換

文法指導の目的と方法

ここまで、学習指導要領の記述を踏まえて、気づきのある文法指導、表現・理解につながる文法指導について見てきましたが、こうした指導を行うためには従来の文法指導を大きく転換していく必要があります。ここでは、文法指導をどのように転換していけばいいかについて、文法学力観の転換、文法教材の特徴と活用、指導内容の精選の面から見ていくこととします。

1 文法指導の改善を阻害する教師の学力観

文法指導の改善はこれまでに繰り返し叫ばれてきましたが、その改善は十分に図られているとはいえません。ただ、改善に向けた議論の中で、教師による知識注入型の暗記指導が問題とされ、学習者の気づきや発見を重視した活動型の学習指導への転換が提唱されるようになってきました。この流れを受けて、国語教科書で日常の言語表現を題材にしたコラムを設けて、学習者の興味や疑問を喚起したり、学習の動機付けや方向付けが図られたりされるようにもなってきています。従来の指導の反省に立って、学習者の興味・関心を疎かにせず、知識注入に陥らないようにと教材に工夫が加えられた結果といえましょう。

このように、文法指導観の転換が提唱され、教科書教材にも変化が見られるようになり、学習者主体の文法指導を行う環境が整ってきているのですが、実際の指導は高校入試の対策や高校古典の準備が目指されて、文法知識を与えては問題演習を行わせるといった暗記指導が主流となっています。こうした現状を見ると、文法指導の改善を阻害しているのは、実際に指導に当たる教師の文法指導観であることがわかります。とりわけ文法用語や定義、識別法を習得して、文法問題に正しく答えられることが文法の学力と捉える教師の文法学力観が実際の指導を知識注入型に陥らせているといっていいでしょう。

文法指導の改善には教師の文法学力観の捉え直しが必要です。では、文法指導で養う学力とはどのようなものでしょうか。

2 文法指導で養う学力とは

平成29・30年告示の学習指導要領では、すべての学習者に「生きる力」を育むために、各教科において、「知識及び技能」「思考力、判断力、表現力等」「学びに向かう力、人間性等」といった三つの資質・能力を育成することとなりました。このうち特に文法と関わるのは「知識及び技能」で、文法に関する知識・理解（文法知識）、文法知識を言語活動に活用する技能（文法技能）に分けられます。また、「思考力、判断力、表現力等」「学びに向かう力、人間性等」にも文法との関わりが想定されます。語句・文法を手掛かりに文章を理解・表現する力、文法について考える力、文法（学習）に興味・関心を抱き、意欲的に取り組む態度などが挙げられます。こうして見ると、文法の学力も知識だけに限らず複数の観点から捉えていく必要があることがわかります。

文法の学力に関する論考は管見の限り見当たりませんが、関連するものとして文法教育の意義を検討した橋本（2005）が挙げられます。この中で橋本は、教授された文法知識は文のねじれ解消など部分的な表現力の向上には結び付いても、自然な文を作成する表現力、通常の文を理解する理解力の向上には直接は結び付かないとして、表現力・理解力の向上を文法指導の中心意義として認めていません。その一方で、文法を学ぶことによって「日本語の文法はこのようになっているのだ」ということがわかり、外国語を学んだり古典語を学んだりするうえで役立つこと、また、現象から規則を発見するというプロセスの経験がある種の思考力向上の訓練になることを挙げ、言語感覚の深まりと現象→規則という思考の訓練が文法教育の現在的意義に当たるとしています(1)。この考察を踏まえれば、文法指導とは表現力・理解力を直接に養うものではなく、文法知識を得ることで、文法の理解を深め、言語活動に活用できる技能を養い、文法を考えることでメタ言語能力を高めるものと考えていくべきでしょう。

学習指導要領の能力観をベースに、橋本の考察を踏まえて文法の学力を分類すると、次のようになります。

①**文法知識**：文法用語や定義、品詞や活用などの識別法の理解・習得
②**文法技能**：文法的不具合の修正、文法形式の使い分けなどの技能の習得
③**メタ言語能力**：文法について考え、気づきを形成し、言葉で説明する能力の習得
④**学びに向かう力**：文法学習に興味・関心を持ち、意欲を持って取り組むこと

以下、①〜③の文法学力について、その内容や範囲を詳しく述べていきます。

(1) 文法知識・文法技能

「文法知識」とは文法用語や定義、識別法の理解、習得のことです。そして、その知識を用いて、文法的不具合に気づき、修正するなど表現・理解に直結する技能が「文法技能」です。文法的不具合の修正は最近の改訂によって教科書教材で扱われることが多くなりましたが、学習を通して生徒の文法技能を養っているものといえましょう。

ここで注意したいことは、文法指導で養う文法技能とは、文法的不具合の修正や文法形式の使い分けといった限られた技能を指しており、的確に文章を表現したり正確に読解したりする表現力・読解力と完全にイコールではないということです。

文法指導の論考や実践報告を見ると「読解に役立つ文法」というフレーズをよく見かけますが、これに対して伊坂（2002）は「文法は実際に読解に役立つのか」「読解に文法を役立てる必要があるのか」と疑問を呈しています。そして、文法を手がかりとして文章を読み解くという行為は、われわれの日常の言語生活のありようとしてかなり不自然であるとして、文法知識を用いて文章を読むのではなく、自己の読みのありようを表現に即してメタ認知する学習が考えられていいのではないかとしています(2)。

説明的文章の場合、接続表現や文末表現に着目して文章の展開や筆者の主張を読み取ることができますが、文学的文章の場合、文法形式に着目することが作品を読む楽しさを阻害するかもしれません。また、説明的文章にしても、文章中の文法形式を一つ一つ確認しながら読んでいくことは一般的ではありませんし、文の成分の照応を一つ一つ確認しながら文章を書いていくことも一般的ではありません。とかく文法知識が表現・理解の基礎能力と考えられがちですが、文法指導で養われる表現力・読解力は限定的なものと考え、文法指導では学習者の気づきを活かして文法の理解・知識の習得を図り、習得された知識を基に文章表現・読解に直結する技能を育成していくようにするべきです。そのうえで、「書くこと」「読むこと」の指導の中では、文法指導で育成した文章表現・読解に直結する技能を活用する機会を設けて、実践させるようにすることが重要になってくるのです。

(2) メタ言語能力

「メタ言語能力」とは、文の構成や語句の用法などについて考え、言葉の仕組みに気づき、それらを言葉で説明する能力のことです。例えば、成分の係り受けに着目して二義文が表す意味を考え、その曖昧性の要因に気づき、それらを説明すること、助詞のみが異なる文の意味を考え、各語の意味・用法に気づき、それらを説明することなどが挙げられます。ここには、文法を意識し、自覚すること、いわゆる「文法意識」を含めてもいいでしょう。相手に正確に伝える目的で成分の係り受けや助詞の違いなどに気を付けて話したり書いたりしようという意識・自覚は、それらを言葉で考え、説明できる力があってこそ存在するものです。

以上、文法指導で養う学力について見てきましたが、文法の学力を文法知識に限定せず、表現・理解につながる文法技能、メタ言語能力も含めて考えていくと、文法への気づきが形成されるように学習活動を設定し、形成された気づきを踏まえて文法の理解・知識を形成していく、さらに形成された文法理解・知識がどのように表現・理解につながるか気づかせ、表現・理解につながる文法技能を育成していくことが重要であるということがわかります。文法指導を知識注入型に陥らせないためにも、文法学力観の転換がいかに必要か理解いただけるのではないでしょうか。

3 文法教材の種類と特徴

では、文法への気づきを形成し、それを踏まえて文法の理解を図っていくにはどのように学習指導を行えばいいのでしょうか。ここでは、文法教材の特徴を踏まえた活用の方法について述べていくこととします。

現在使用されている中学校の国語教科書では、文法教材はコラム教材と解説教材に分けることができます。各教材の特徴をまとめると、次のようになります。

（1）コラム教材

学習の導入を図る教材で、1ページ程度の分量で、教科書本編の単元末などに置かれています。日常生活に見られる言語現象を題材にして、当該の文法事項への興味や疑問を喚起して学習の動機付けを図ったり、簡単な作業を通して言葉の仕組みに気づかせて当該の文法事項についての理解の素地を形成したりして、解説教材への導入を図る役割を果たしています。

（2）解説教材

文法事項の解説を行う教材で、数ページにわたり、教科書巻末に置かれています。当該文法形式の用法や意味などを考える課題が挙げられていたり、表現や理解との関連が説明されていたり、学習内容の確認・定着を図る練習問題が挙げられていたりと、単なる解説に終始しないよう工夫がなされています。

教科書作成サイドからすれば、コラム教材→解説教材と進んで、学習に対する動機付けを図ったり、言葉の仕組みに気づかせたりして、生徒が興味・関心を持って文法学習に取り組み、文法の理解が深められることを期待していますが、実際には高校入試や高校古典への対応が意識されるがあまり、コラム教材は用いられず、解説教材または副読本・問題集を用いて文法知識の教え込みが行われる傾向にあります。

では、コラム教材を活用した学習指導はどのように行えばいいのでしょうか。光村図書1年の教材を例にとって見ていくことにします。

4 コラム教材を活用した学習指導

先に見たようにコラム教材は二種類に分けられますが、学習の動機付けを図るコラム教材の例として、「文法への扉1　言葉のまとまりを考えよう」が挙げられます(3)。この教材では、昔話の一節を挙げ、小学生一年生に読んで聞かせる場合の区切り方と、意味と働きの違いからさらに細かく分けた場合の区切り方を示して、日本語にはどのような言葉のまとまりがあるかと問いかけています。

実際の学習指導では、本教材を読むことを通して、言葉のまとまり、区切り方に興味・関心を持たせて、学習への動機付けを図り、解説教材を用いて、文章、段落、文、文節、単語といった言葉の単位について理解を図っていくことになります。解説教材には、例文を挙げて、文、文節、単語への区切り方が示されたり、学習内容の確認・定着を図る練習問題が挙げられていますが、身近な表現を例にして、言葉のまとまりを確認したり、言葉のまとまりに区切ったりして、文章、段落、文、文節、単語といった言葉の単位に気づく学習活動は設定されていません。コラム教材で喚起した興味・関心を生徒の気づきにつなげるためにも、気づきが形成される学習活動を教師の方で設定し、そこでの気づきを踏まえながら解説教材を用いて理解と知識の形成を図っていきたいところです。

一方、簡単な作業を組み込んだコラム教材の例としては、「文法への扉3　単語の性質を見つけよう」が挙げられます(4)。この教材は、単語を組み合わせて文を作ったうえで、三つの観点から単語を分類させることで、単語の性質を考えてみようと問いかけています。

実際の学習指導ではこのコラム教材の作業課題に取り組むことを通して、単語を分類する観点を知り、品詞分類の手順に従って実際に単語を分類することになります。解説教材では、単語を分類する観点について用語や定義を示しながら説明していますが、コラム教材の指示に従って単語を分類したうえで、解説教材の説明を確認すれば、単語の分類の観点と方法が理解できるようになっています。こうした特徴を踏まえると、このコラム教材は興味・関心の喚起や学習の素地の形成というよりは、学習内容の理解を図る教材というべきで、解説教材の作業課題と見たほうがいいでしょう。むしろこのコラム教材を学習指導の中心に据えて、その導入になるような新たなコラム教材を置きたいところです。

以上、文法教材の種類と特徴、コラム教材を活かした学習指導について見てきましたが、教科書に挙げられたコラム教材の特徴をよく把握し、生徒の興味・関心を喚起し、気づきのある文法指導を展開するために、コラム教材をどのように活用するのかをよく考えて、学習指導を設定・展開していくことが重要といえましょう。

5 指導内容の精選

中学校国語科では、高校入試の対策から文法事項を網羅的に扱い、文法用語や定義、識別法などを一方的に教え込む知識注入型の授業が多く見られます。ただ、先に見たように、公立高校入試に限っていえば，品詞や活用の種類・活用形、助動詞・助詞の意味を、「連体詞」「カ行上一段活用」「連用形」「推定」などと特定する問題は少なく、文法的な働きや意味の異同が見分けられれば解答できる問題のほうが多くなっています。

こうした傾向を踏まえると、特に中学校初学の段階では、法則性の理解が図られるように指導内容を基礎・基本の内容に限定し、下位分類や細かい用法については、基礎・基本の習得が図られたうえで扱っていくようにするのがよいと考えられます。各文法事項の指導内容を段階ごとに挙げてみると、次のようになります。

（1）文の組み立て

文の成分の照応を整えて正しく文を構成し、文の成分を単位として正しく文の構造を把握することができるように、まず主語・述語・修飾語を中心に文の成分の働きを扱い、理解が図られた後に、成分内部の構造として連体修飾・並立・補助の関係を扱って、文の組み立ての分析が行えるようにしていきます。学校文法では連体修飾語と連用修飾語は同列に扱われますが、文の成分としての修飾語は連用修飾語に限定し、連体修飾語は成分内部を構成する要素とするほうが教えやすいでしょう。なお、文の成分はその働きを捉えることが重要であって、文節の単複からその構成を識別することはさほど重要ではありません。「―語」と「―部」の区別は廃し、文節の単複にかかわらず「―語」とすることを提唱します。

（2）品詞

文中における働きを踏まえて語・語句を分類することができるように、まず品詞分類の基準について理解を図り、品詞分類が行えるようにしていきます。そのうえで、各品詞の中心的な性質について理解を図り、おおむね理解されたところで、品詞の下位分類や転成などを扱っていくようにします。学校文法では副詞を「状態の副詞」「程度の副詞」「呼応の副詞」に分類しますが、まずは用言を詳しくするという副詞の働きについて理解を図り、そのうえで状態・程度・呼応に分けて、それぞれの働きや語例を見ていくようにしていくとよいでしょう。なお、接続詞の種類とその識別は、指示語と合わせて、文章の文法として扱っていくようにします。

（3）用言の活用

後に続く言葉や文中での働きに応じた語形変化の様相が理解できるように、まず語幹・活用語尾・活用形を押さえながら活用という現象について理解を図り、そのうえで種類ごとに動詞の活用を扱い、おおむね理解されたところで、形容詞・形容動詞の活用を扱っていくようにします。動詞の活用は五種類と多く、音便についても理解する必要があり、生徒にとっても負担の大きいものですが、まずは五段・上一段・下一段の活用の仕方についてしっかり理解を図り、そのうえでカ行変格・サ行変格活用へと進み、形容詞・形容動詞の活用に進むようにするとよいでしょう。

(4) 助動詞・助詞

書き手(話し手)の捉え方や述べ方を押さえて理解したり、自分の捉え方や述べ方を反映させて表現したりすることができるように、助動詞・助詞については、その種類や働きについて理解を図ったうえで、代表的な語の意味・用法を扱っていくようにします。なお、助動詞・助詞については、高校入試で出題される語が限られていることもあり、実際の指導では、高校入試でよく出題される語を取り上げて、助動詞・助詞の性質を見ていくとよいでしょう。

以上、各文法事項について段階に分けて指導内容を見てきましたが、段階を設けることによって、特に初学の段階で指導内容の精選が図られ、文法の解説に終始しない授業の実践が可能となってきます。用言の活用をはじめとして,文法指導は「指導時間が足りない」とよく言われますが,高校入試の傾向を踏まえて指導内容の精選を図ることで、網羅的に教える必要性もなくなり、知識注入型の文法指導から、生徒の気づきを活かした文法指導、表現・理解につながる文法指導へと転換していくことができるようになります。日常の言語使用を振り返り、文法の気づきを活かして文法指導を行うほうが、文法の理解を深めるうえでも、表現・理解につながる知識・技能を養ううえでも有効であるという考え方を持つことが教師にとって重要といえましょう。

【注】

（1）橋本修（2005）「文法教育の意義再考」平成14‐16年度科研費基盤研究（C）平成16年度中間報告書『日本の文法教育Ⅲ』、21～32頁

（2）伊坂淳一（2002）「日本語研究から国語教育へ　文章」『日本語学』第21巻5号、明治書院、49～52頁

（3）光村図書『国語1』（令和3年度版）59頁

（4）光村図書『国語1』（令和3年度版）215頁

2章

指導のために押さえておきたい文法指導の基礎知識

1 文の組み立て

① 学校文法の構文分析

学校文法では文を文節に区切り、係り受けの関係を見ていくことで文の構造を分析していきます。(1)を文節に分け、文節相互の係り受けの関係を見ると、次のようになります。

(1) ネコが　えさを　食べる。

学校文法では、「何が」「だれが」に当たる文節を主語、「どうする」「どんなだ」「何だ」に当たる文節を述語、他の文節を詳しくする文節を修飾語とします。また、「ネコが」と「食べる」が主・述の関係、「えさを」と「食べる」の関係が修飾・被修飾の関係にあり、「ネコが」が文全体の主語、「食べる」が述語、「えさを」が述語「食べる」を詳しくする修飾語になるとして、これら三つの成分から文が構成されるとします。

	主語	修飾語	述語
(1)	ネコが	えさを	食べる。

一方、(2)を文節に分け、係り受けの関係を見ていくと、次のようになります。

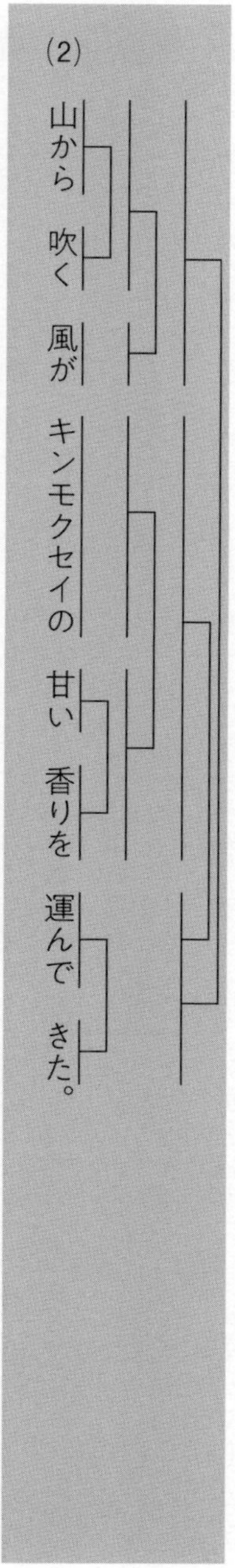
(2)
山から
吹く
風が
キンモクセイの
甘い
香りを
運んで
きた。

係り受けの関係が三段階にわたっており、かなり複雑な図になります。「山から」が「吹く」に係り、「山から吹く」が「風が」に係るというように係り受けの関係にある文節をまとめていくと、「山から吹く風が」「キンモクセイの甘い香りを」「運んできた」の三つになります。そして、「山から吹く風が」と「運んできた」が主・述の関係、「キンモクセイの甘い香りを」と「運んできた」が修飾・被修飾の関係にあり、「山から吹く風が」が文全体の主部、「運んできた」が述部、「キンモクセイの甘い香りを」が修飾部になるとされ、これら三つの成分から文が構成されるとします。

	主部	修飾部	述部
(2)	山から吹く風が	キンモクセイの甘い香りを	運んできた。

このように、文に含まれる文節相互の係り受けの関係をすべてたどり、文を構成する成分を見出していくのが学校文法の手法ですが、こうした学校文法の手法には私たちの言語直観に合わない面も見受けられます。

(3)を文節に分け、係り受けの関係を見ていくと、第一段階は次のようになります。

(3)

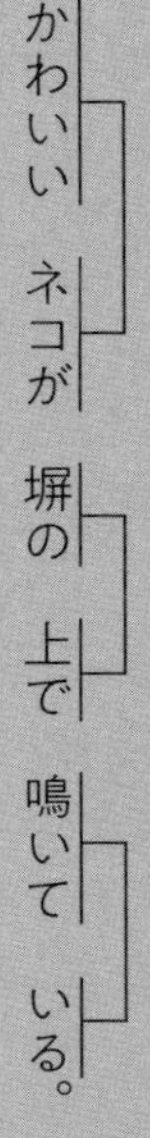

「かわいいネコが」の部分は、「かわいい」が「ネコが」を修飾する連体修飾の関係とされますが、「かわいい」は「ネコ」を修飾し、「かわいいネコ」全体に格助詞「が」が付いて主語（主部）を構成していると分析するほうが、私たちの言語直観に合っているのではないでしょうか。

また、「鳴いている」の部分は、「いる」が「鳴いて」を補助する補助の関係となりますが、「鳴いている」をわざわざ「鳴いて」と「いる」に分けてその関係を確認し、これらの文節が一緒になって述語を構成していると確認しなければ、文の成分が特定できないというのは少々煩雑です。「鳴いている」がひとまとまりで「どうする」に当たり、述語（述部）となっていると分析するほうが、私たちの言語直観に合っています。

従来の指導は、文を文節に区切り、その関係を分類して、補助・並立・連体修飾の関係があればひとまとめにして文の成分を見出し、それを各種成分に分類していくというものでした。この手法は、文の構造が複雑になればなるほど、構文分析は煩雑になり、生徒にとってわかりにくいものとなっていきます。この点が学校文法の構文分析の難しさであり、生徒にとっては分かりにくさを感じる原因となっているのです。

2 意味上のまとまりを単位とした構文分析

では、私たちの言語直観に適い、生徒にとって簡便でわかりやすい構文分析とはどのようなものでしょうか。

本書では、文節に区切り、係り受けの関係を確認してから文の成分を特定していくのではなく、(4)のように

〈主体〉〈場所〉〈動作〉など意味上のまとまりを単位として文を区切り、それを各種成分に分類して、大まかに文の構造を捉えていきます。

(4) かわいいネコが（主語〈主体〉） 塀の上で（修飾語〈場所〉） 鳴いている（述語〈動作〉）

実際に文を成分に区切る際には、まず述語を特定し、その述語が取る格体制[1]（格助詞の組み合わせ）を考え、格助詞を指標にして意味上のまとまりを捉えていきます。この際、学校文法と同様に「だれが」「何を」「どうする」などの疑問詞に当てはまることも併せて行うといいでしょう。格助詞を指標にしつつ疑問詞に当てはめながら成分を区切っていくと、次のようになります。

(5) 親鳥が（だれが） せっせと（どのように） えさを（何を） 運ぶ。（どうする／述語［―ガ―ニ―ヲ］）

(6) 激しい波が（何が） 海岸の岸壁に（どこに） 強く（どのように） 打ち寄せている。（どうする／述語［―ガ―ニ］）

述語「運ぶ」は［―ガ―ニ―ヲ］といった格助詞の組み合わせを取りますが、(5)では［―ニ］に当たる成分が用いられていません。実際の文章や談話では、前後の文脈で自明な場合、述語に必要な成分でも省略されることがあります。格体制の考え方を取り入れたこの手法を活かしていくためにも補足しておきたい点です。

分析対象とする文については、初学の段階では(5)のように各成分が単文節のものを用いるようにするとよいでしょう。そのうえで、「意味上のまとまり」という概念が理解され、格体制を取り入れたこの手法に慣れてきたところで、(6)のように連文節で構成された成分を含むものを用いていくようにします。

なお、学校文法は文節の単複によって、文の成分を「―語」と「―部」に分けていますが、この手法では文節の単複にかかわらず成分に区切っていくので、本書ではこれ以降「―語」と「―部」を分けず、「―語」に統一することとします。

3 述語の格体制に着目した文の成分の特定

述語は文を構成するのに必要な成分と結びついて文を構成しています。その点では、〈主体〉を表し、格助詞「が」を取る成分も、〈対象〉を表し、格助詞「を」を取る成分も同等です。そこで、述語の取る格体制に基づいて文の成分を切り出し、述語が必要とする成分を文の骨格として押さえ、その後、〈主体〉を表す成分を「主語」、〈対象〉〈相手〉などを表す成分を「補語」として区別します[2]。

(7)

親鳥が	せっせと	えさを	運ぶ。
主語〈主体〉	修飾語〈様子〉	補語〈対象〉	述語〈動作〉[―ガ―ニ―ヲ]

(8)

激しい波が	海岸の岸壁に	強く	打ち寄せている。
主語〈主体〉	補語〈着点〉	修飾語〈様子〉	述語〈動作〉[―ガ―ニ]

主語を補語と区別して単独の成分とするのは、「主語」の絶対的優位を認めるものではありません。文章では前後の文脈から自明の場合は文の成分が省略されますが、省略される成分の中で多いのは主語です。そのため、文章の内容を正確に理解していこうとするとき、主語の省略を確認し、必要に応じて補って文意を理解していくことが必要になってきます。また、生徒の書く文章には文のねじれがたびたび見られますが、その中でも特に多いのは主語と述語のねじれです。自分の意見を正確に相手へ伝えたいとき、主語を意識し、必要に応じて明示していくことが必要になってきます。このように、正確な読解・表現を目指すうえで「主語」という概念は非常に有効です。「主語」の特立は教育上の狙いから必要なことといえましょう。

ところで、当該の成分が述語に不可欠かどうか、補語なのか修飾語なのかは、完全に区別できるものではありません。〈時〉〈場所〉を表す成分の中には、述語にとって必要度の高いものと低いものとがあります。

(9) みんなで 松本に（補語） 行った。（述語）

(10) つばめが 軒下に（修飾語） 巣を 作った。（述語）

(9)の述語「行った（行く）」は［—ガ—ニ］という格体制を取るもので、〈着点〉を表す「松本に」は述語に不可欠な成分ですが、(10)の述語「作った（作る）」は［—ガ—ヲ］という格体制を取るもので、〈場所〉を表す「軒下に」は、それが加わればより詳細な文となりますが、述語に不可欠な成分とはいえません。

このように、同じく格助詞を含む成分でも述語が取る格体制によって補語と修飾語に分けられるのですが、その区別を完全に行うことは難しいということを考えると、実際の指導では「補語」「修飾語」と呼び分けて区別することは避けたほうがいいでしょう。授業では教科書の説明を用いて修飾語の定義を確認し、そのうえで必要があれば修飾語を次のように二種類に分けていくようにしていきます。

修飾語A：述語にとって不可欠な成分。「何を」「だれに」などに当たり、対象や相手などを表す成分。
修飾語B：述語の意味をより詳細にする成分。「どのように」「どれくらい」などに当たり、様子や程度などを表す成分と「いつ」「どこ」などに当たり、時・場所・原因などを表す成分がある。

先に挙げた(7)・(8)も修飾語の分類を反映させた形にすると、次のようになります。

(7) 親鳥が（主語） せっせと（修飾語B） えさを（修飾語A） 運ぶ。（述語［－ガ－ニ－ヲ］）

(8) 激しい波が（主語） 海岸の岸壁に（修飾語A） 強く（修飾語B） 打ち寄せている。（述語［－ガ－ニ］）

4 目的に応じた成分内部の構造分析

文の成分が連文節となるような文を扱う段階に入ったら、成分内部に目を向けるようにしていきます。特に連体修飾は、各成分の表す内容を正確に示したり捉えたりするうえで着目すべきポイントです。ただし、従来のように文節に区切って係り受けの関係を見る形は採らず、語句単位で修飾関係を見るようにしていきます。

例えば、「白い犬が」であれば、(11)のように「白い」が「犬が」に係るとするのではなく、「白い」が「犬」

のみに係ってその内容を限定するという説明を行っていきます。その際、⑿のように入れ子を用いて図示していく方法が考えられます。

⑾　白い　犬が　　⑿　［［白い］［犬］］が

また、並立の関係も⒀のように文節相互の関係を見るのではなく、語句単位で見ていくことにします。図示法は⒁のように入れ子を用いたほうがいいでしょう。

⒀　雨や　風が　　⒁　［［雨］や［風］］が

ただ、連体修飾にしても並列にしても、どのレベルまで分析を行うのか、どのレベルに分析を留めるかといったことが問題になります。例えば、森林破壊の進行について述べた文章であれば、⒂の文は熱帯雨林破壊のスピードが重要な情報となってくるので、「年間17万㎢という」が「大変なスピード」を修飾していると見ることは重要です。この際、「年間17万㎢」の重大性を捉えるためにも、「大変な」と「スピード」を分けて修飾関係を見るより、ひとまとめにしておいて「年間17万㎢」と「大変なスピード」がイコールの関係になることを捉えたほうがいいかもしれません。

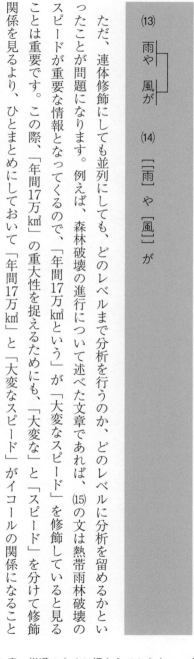

(15) [[年間17万㎢という][大変なスピード]]で、[[地球上の][熱帯雨林]]は減少しています。

修飾語　主語　述語

文構造を把握するという目的からすれば、同じ連体修飾でも、ある部分は分析し、ある部分は分析しないというのは「不統一」と批判されるかもしれません。確かに文中に見られる連体修飾をすべて指摘できるに越したことはありませんが、連体修飾を説明するのであれば修飾関係が一回だけの例（「白い犬」など）を用いればいいですし、文意を把握するのであれば文章の内容に応じて修飾関係を確認していけばいいということになります。成分内部の構造については、文中すべての文節関係を見ないと気が済まない学校文法のような「融通の利かなさ」を改め、目的に応じて分析の度合いを変えるぐらいの「大らかさ」があってもいいかと思います。

ところで、補助の関係については、文節に区切って、その相互関係を見るのではなく、例えば「走っている」なら「走った」など助動詞を含んだものと同様に、述語の形態変化と捉えていくようにしていきます。接続助詞を介するという点は違うものの、補助動詞と助動詞は働きの面では似通ったものがあります。文構造を捉えるという目的からすれば、細かく区切ることに固執することなく、意味上のまとまりを捉えていくようにするべきで、特に「走っている」などのテイル形については意味の分類を行って、述語の形態変化に伴う文意の変化を捉えていくことが重要です。

(16) 白い犬が芝生の中を走っている。　(17) 二階の窓が開いている。

(16)の「走っている」は「走る」という〈動作の継続〉を表し、(17)の「開いている」は「開く」という〈動作の結果〉を表しています。これらの違いは述語の動詞の意味特徴に基づくもので、動作性のある動詞の場合、変化を表さない場合は〈動作の継続〉となり、変化を表す場合は〈動作の結果〉となります。このように、述語を構成する動詞の意味によってテイル形の意味、ひいては文意も変わってきます。このことからも述語部分の補助の関係は区切らずひとまとまりで捉えていくほうがよいということがわかります。

なお、学校文法では接続助詞を含んだ従属節は、その内部の構造を見ることなく、ひとまとめで「接続部」とされますが、成分内部の構造を分析していく本書の立場に立てば、接続部内部も主語・修飾語・述語に分類していくことになります。

⒅ 美しい建物が街頭のあちこちに見えるが、僕らを乗せた車は猛スピードで走り抜けていく。

接続部			被接続部		
主語	修飾語	述語	主語	修飾語	述語
美しい建物が	街頭のあちこちに	見えるが、	僕らを乗せた車は	猛スピードで	走り抜けていく。

従属節に当たる「接続部」に対しては、主節に当たる部分をどのように呼ぶかが問題となります。文節相互の関係から離れて文構造を見る本書の立場からすれば、「節」という概念を導入することも考えられますが、英文法に倣った従来の「節」の定義の問題点[3]や文法用語が増えることによる生徒の負担増を考えると、安易に導入することもできません。また、「主節」に倣って「主部」という呼び方も考えられますが、それでは学校文法における「主部」との混乱を引き起こしてしまいます。そこで、とりあえず「被接続部」という呼び方を用いることとし、今後、文節を単位としない構文把握の推進、「単文」「複文」「重文」といった文構造の分類や「節」の定義の捉え直しと並行してこの問題を解決していきたいと考えています。

【注】

（1）仁田義雄（1997）『日本語文法研究序説—日本語の記述文法を目指して—』くろしお出版、134〜136頁

仁田は動詞が文を形成するにあたって要求する名詞句の組み合わせを「格体制」としているが、ここではわかりやすく「格助詞の組み合わせ」としておく。

（2）仁田（1997）165〜181頁

（3）学校文法では主・述の関係を具備しているものを「節」としているが、節の中には構文上の要因から主語が省略されるものもある。

2 品詞分類

1 学校文法の品詞分類

「品詞」というと、「動きを表す語＝動詞」、「物の名前を表す語＝名詞」のように、意味面から品詞が分類・規定されるものと思われがちですが、学校文法では、文法上の性質・働きから単語を分類・規定し、それを「品詞」と呼び、以下の十種類に分類しています[1]。

このように、学校文法の品詞分類表は、自立語と付属語の区別〈第1段階〉、活用の有無〈第2段階〉、文節の種類〈第3段階〉、言い切りの形〈第4段

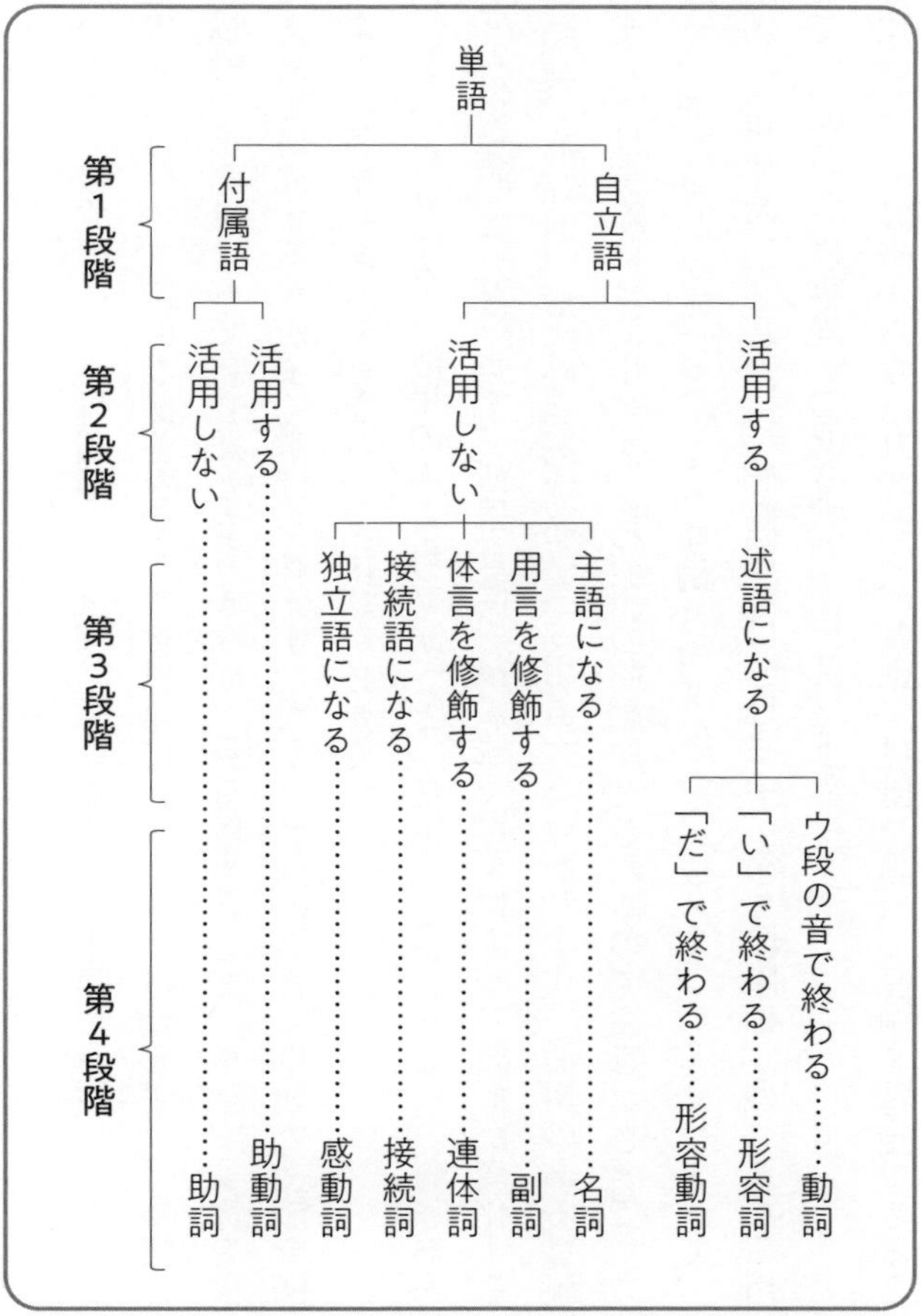

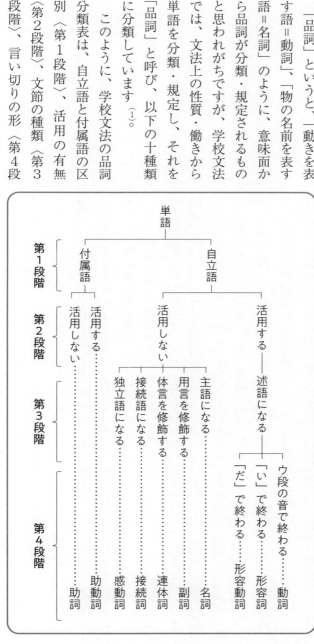

階〉によって単語を分類しています。

第1段階は、単語の独立性に基づいて「自立語」と「付属語」に区別しています。日本語の単語は、単独で実質的な意味を表す自立語と、他の語に付いて文法的な働きを果たす付属語に大きく分けられます。付属語となる単語は助詞と助動詞で、それ以外の単語はすべて自立語となりますが、見分け方として、単独で文節を構成できるか、必ず他の語に付いて文節を構成するかがよく挙げられます。ただ、名詞の場合、単独で文節を構成すると、「ネコ、かわいい。」のように省略のある文となるので注意が必要です。

第2段階は、活用の有無に基づいて、自立語を「活用のある自立語」と「活用のない自立語」、付属語を「活用のある付属語」と「活用のない付属語」に分けます。活用とは、後に続く言葉によって語形が変化することですが、活用のある自立語は動詞、形容詞、形容動詞の三つで、「用言」といわれます。活用のある付属語は助動詞ですが、「う・よう」「まい」は実際には活用せず、無活用の助動詞とされるので注意が必要です。

第3段階は自立語に関わる分類で、その単語が主にどのような働きの文節（文の成分）となるかによって、用言以外の自立語を、「名詞」「副詞」「連体詞」「接続詞」「感動詞」に分けます。第4段階は、残りとなる用言について、言い切りの形によって、「動詞」「形容詞」「形容動詞」に分けます。

このように、学校文法の品詞分類は四つの段階からなされており、基準と段階を追って品詞を特定できるようにすることが大事となってきます。学習指導の際は、品詞分類表を参照しながら、品詞の分類や特定ができるようにしていきたいものです。

2 学校文法における品詞分類の難しさ

学校文法では四つの段階を通して品詞の分類を行っています。自立語に着目してみますと、活用のない自立語についてては構成する文節の種類によって分類していますが（第3段階）、活用のある自立語については構成する文節の種類が同じになるので、言い切りの形によって分類しており（第4段落）、同じ自立語でも品詞を決定する基準が異なっていることがわかります。このことが品詞分類に慣れていない生徒に混乱をもたらす原因となっています。

例えば、「速く走る」の「速く」は活用の仕方から形容詞に分類されますが、連用修飾語として「走る」を修飾することに着目すると副詞のようにも見えます。また、「小さいミス」の「小さい」も活用の仕方から形容詞に分類されますが、連体修飾語として「ミス」を修飾することに着目すると連体詞のようにも見えます。「小さい」と「小さな」では意味も機能も共通しているため、「小さい」は形容詞で「小さな」は連体詞と分類するには、学校文法の品詞分類を頭に入れていなければなりません。

もちろん学校文法の品詞分類に従えば、「速く」「小さい」は形容詞、「小さな」は連体詞と分類されるのですが、品詞分類の基準が複数存在するため、用言と非用言の間で品詞分類を間違えやすくなっています。高校入試ではこの点を問う問題も出題されています。

――線部①「大きく」と同じ品詞の言葉が含まれているものを、ア～エから一つ選びなさい。

……男は老婆に耳を寄せ、①大きく頷いて、……

ア　小さな花が咲く。　イ　きれいに机をふく。
ウ　文字をはっきりと書く。　エ　空がとても青かった。

（長野県・2006年）

――線部①「大きく」は形容詞なので、答えは形容詞「青かっ」を含むエとなりますが、文節の種類から見れば、①「大きく」はウ「はっきりと」と同じく（連用）修飾語となります。文節の種類ではなく活用の有無を根拠として、①「大きく」を形容詞「大きい」の連用形とするには、学校文法における品詞分類の手順と形容詞の活用を理解していなくてはなりません。また、仮に①「大きく」を形容詞と判断できたとしても、ア「小さな」を同じ形容詞として選んでしまう生徒も出てくるでしょう。「小さな」が形容詞「小さい」の連体形ではなく連体詞であると判断するには、連体詞に所属する単語を暗記しておかなくてはなりません。この問題のように、品詞を間違えやすい単語をわざわざ含めて品詞分類させることは、もはや日本語の単語の分類と性質を知るためではなく、文法問題を解くためと言ったほうがいいでしょう。指導に当たる教師はこの点を十分に注意し、どのような例を挙げてどの程度まで指導するか、生徒の実態に応じて語例の選択や説明の範囲を十分検討しておく必要があります。

3 品詞の連続性

寺村（1982）は、名詞・形容動詞・形容詞・動詞を取り上げて品詞間に連続性があることを指摘していますが[2]、これらの品詞の中で特に問題とされるのが形容動詞の扱いです。

形容動詞については、単独で形容動詞として認める学校文法に対して、名詞＋助動詞の二語としたり形容詞の一語としたりする立場があります。一般的な言語感覚からしても、「静か」「きれい」などはそれだけで一語と感じられ、形容動詞の語幹だとは意識されにくくなっています。また、「元気だ」「健康だ」などは同形でありながら名詞＋助動詞とされる場合と形容動詞とされる場合があります。

(1)　長野に住む祖父と祖母は健康だ。　↓　形容動詞

(2) 現代の日本人に必要なのは健康だ。↓ 名詞＋助動詞

(1)の「健康」は「祖父と祖母」の状態を表し、(2)の「健康」は「日本人に必要なもの」の実体を表しているので、状態を表す(1)は形容動詞で、実体を表す(2)は名詞とされますが、文法に通じた教師でもない限り、これらの別を生徒に説明することは難しいことでしょう。

形容動詞と名詞を識別する方法として、形容動詞には連用修飾語が付くが、名詞には連用修飾語が付かないということがよく挙げられます。ただ、名詞にも連用修飾語が付くことがあり、連用修飾の可否が形容動詞(語幹)と名詞を区別する決め手とはなりません。

(3) 長野に住む祖父と祖母はとても健康だ。↓連用修飾語「とても」

(4) 現代の日本人に必要なのはやはり健康だ。↓連用修飾語「やはり」

国語の教科書や参考書の中には「元気だ」「健康だ」を形容動詞の例として挙げるものもありますが、形容動詞として使われている「元気だ」「健康だ」を生徒が名詞＋助動詞と判断しても、その誤りを納得させるのは難しいでしょう。「元気だ」「健康だ」などは名詞と形容動詞の両方の特徴を持っているといえるのです。

このように、形容動詞と名詞には連続性があり、「元気だ」「健康だ」などはそれらの中間的な語であるといえましょう。これらの語を学校文法の活用表に当てはめると、連体形に語尾が二つ入ることとなり、学校文法のいう形容動詞ではなくなります。

この他にも、一つの単語が複数の品詞に所属する場合もあります。例えば「昨日」「毎日」などの時を表す

名詞や「3冊」「5メートル」などの数詞は、「昨日来た」や「3冊買った」のように単独で用いると連用修飾語となる副詞的な用法もあります。

品詞は文法上の性質や働きを共有する単語の集まりですが、実際には各品詞の中心部に位置する典型的な語と他の品詞との境界部に位置する中間的な語が存在します。生徒の理解を考慮すると、品詞の分類や各品詞の説明を行う際には、当該品詞の特徴を備えた典型的な語を例にして、中間的な語を例から外すようにすべきでしょう。指導に当たる教員は各品詞の特徴をよく理解し、典型的な語を例語に選ぶ配慮が必要です。

4 品詞指導の基本方針

品詞指導の基本方針として、学校文法の品詞分類に準拠しつつも、必要以上に細かい品詞分類を行わないよう心がけること、学校文法の定義に合う典型的な語を選び、例を挙げながら指導をすることが挙げられます。学校文法における品詞の定義は典型的な用法についての定義であり、すべての用法を網羅した定義ではありません。そこで、品詞の指導に当たっては、初学の場合、学校文法の定義がよく表れた語例を用いるようにします。

名詞であれば、主語になって事物を表すという特徴がよく現れている普通名詞を語例に挙げるようにします。初学の段階で代名詞や数詞などを語例に挙げないほうがよいでしょう。各品詞の典型的な特徴が理解でき、品詞分類が行えるようになって、各品詞の様々な意味・用法や下位分類に生徒の興味が向くようになったら、代名詞や数詞などを取り上げて、それぞれの意味・用法を説明していくようにします。

動詞・形容詞・形容動詞に関しては、終止形の例を用いるべきです。形容詞・形容動詞であれば連用形で修飾語に当たるものは副詞に見えやすいですし、連体形で修飾語に当たるものは連体詞に見えてしまいます。終止形以外の形は活用の学習の際に見ていくようにします。また、共通の語幹を持ち品詞間の中間に位置する語例も外すべきです。形容詞「赤い」「白い」「黄色い」「茶色い」などは名詞「赤」「白」「黄色」「茶色」と混同しやすいですし、形容動詞「健康だ」「自由だ」「親切だ」などは名詞「健康」「自由」「親切」と混同しやすくなっています。形容動詞「同じだ」など学校文法と異なる活用の語も外すべきです。

語例の選び方の他に、説明の仕方にも注意が必要です。例えば連体詞を扱う際に、「連体詞とは活用がなく連体修飾語だけになる単語である」と定義を与えるだけでは、あまりに抽象的すぎて生徒は理解しにくいでしょう。少なくとも教科書に挙げられた例文を取り上げながら、連体詞の形と働きについて、次のように見ていく必要があります。

(5) あの 人は 幸せそうだ。
(6) 大きな 声で 呼びかけた。
(7) ずいぶん 大それた 話だ。

(6)の連体詞「大きな」は直後の名詞「声」を「大きさ」の面から限定し、言葉を発する際の声量が「大きい」もので、声量があまり大きくない場合と区別しています。なお、連体詞「大きな」は常に直後の名詞を限定し、活用がないという点で、形容詞「大きい」とは別の語であることを確認しておくとよいでしょう。さらに、(5)「あの」や(7)「大それた」についても同様にして形態と働きを確認し、そのうえで連体詞の語例を教科書などで確認していきます。品詞の学習が定義の暗記に陥らないようにするためにも、常に語例に当たりながら指導していくように心がけていかなくてはなりません。

5 品詞の下位分類

学校文法ではいくつかの品詞はさらに下位分類されます。名詞は普通名詞・固有名詞・数詞・代名詞・形式名詞、動詞は他動詞・自動詞・可能動詞に分類されます。この他に、副詞・接続詞・感動詞・助動詞・助詞も意味・用法から分類されますが、ここでは名詞と動詞の下位分類について見ていきます。

形式名詞を除いた名詞の下位分類は明治期の文典、大槻文彦「語法指南」ですでに見られます(3)。大槻は名詞と代名詞・数詞の間に語性の差を認めず、それらを名詞に含めて定位しました。この考え方が学校文法に受け継がれ、名詞の下位分類となっているのです。

以前の教科書には代名詞を品詞として認めるものもありましたが、現行の教科書はいずれも代名詞を品詞に認めず、名詞の下位分類としています。英語の代名詞は格変化し、Ｉは常に大文字で表記するといった制約がありますが、日本語の代名詞にはそのような制約はありません。このような事情から、日本語の場合は代名詞を名詞から分出させて品詞と認める必要性はなく、名詞の下位分類に含めているのです。

また、普通名詞と固有名詞に分類するのは英文法からの概念移行によるものです。英語の固有名詞は原則として冠詞を付けず、複数形にならない一方、普通名詞は原則として冠詞を付け、複数形があるといった制約があります。これらの制約も日本語には存在しません。こう考えると、日本語では普通名詞と固有名詞に分類する必要はなく、英文典の影響を受けた明治期文典の分類を受け継いでいるに過ぎないということがわかります。

名詞の他に下位分類が問題となるのは動詞です。学校文法では動詞は自動詞・他動詞・可能動詞・補助動詞に下位分類されますが、可能動詞は動詞の形態変化の一種に過ぎません。『中等文法』ですでに見られますが、動詞の活用に関する章で、下一段活用の説明に続いて述べられていることから、活用の種類を五段活用と間違えないようにするために、見出しを立て、可能の意味を表して、下一段活用で命令形がない動詞と説明したのだと推測されます(4)。可能動詞は動詞の下位分類として項目立てられたというより、むしろ学習の簡便性を狙っての項目立てといえましょう。

一方、動詞と補助動詞の別、名詞と形式名詞の別は日本語文法の理解に留まらず、読解や作文につながる知識となってきます。また、学校文法に挙げられていない下位分類で導入すべきものがないかを検討していく必要もあります（動詞であれば、動作動詞・状態動詞・変化動詞）。いずれにしても、品詞の下位分類に導入する項目は、日本語文法の特質をよく表し、読解や作文への活用の可能性をよく考えて選定すべきといえましょう。

【注】
（1）光村図書『国語1』249頁を簡略化したもので、「段階」は筆者が付したものです。
（2）寺村秀夫（1982）『日本語のシンタクスと意味Ⅰ』くろしお出版、62～75頁
（3）大槻文彦（1890）『語法指南』小林新兵衛
（4）文部省（1943）『中等文法二』中等学校教科書株式会社

3 用言の活用

1 学校文法における活用

学校文法では、後に続く言葉や文中の働きによって語形が変わることを「活用」といい、活用によって変化した語形を「活用形」といいます。また、形の変わる部分を「(活用) 語尾」といい、形の変わらない部分を「語幹」といいます。動詞「話す」を例に示すと、次のようになります。

語幹	活用語尾	後に続く言葉	
	さ	ない	「話さ」が動詞「話す」の未然形
	し	ます	「話し」が動詞「話す」の連用形
話	す	。	「話す」が動詞「話す」の終止形
	す	こと	「話す」が動詞「話す」の連体形
	せ	ば	「話せ」が動詞「話す」の仮定形
	そ	う	「話そ」が動詞「話す」の未然形

活用形は、後に続く言葉や文中の働きによって、「未然形」「連用形」「終止形」「連体形」「仮定形」「命令形」の六種類に分類します。

	動詞	形容詞 形容動詞
未然形	―ない ―う／よう ―れる／られる ―せる／させる などが続く	―う が続く
連用形	用言や、 ―ます ―た ―て などが続く	用言や、 ―た ―ない ―なる が続く
終止形	言い切る形 ―と ―から ―けれども などが続く	言い切る形 ―と ―から ―けれども などが続く
連体形	体言や、 ―ので ―のに などが続く	体言や、 ―ので ―のに などが続く
仮定形	仮定する形 ―ば が続く	仮定する形 ―ば が続く
命令形	命令して言い切る形	

この六活用形に当てはめる形で、動詞・形容詞・形容動詞の語形変化を捉え、動詞であれば、五段活用、上一段活用、下一段活用、カ行変格活用、サ行変格活用に分類します。

活用の種類	基本形	語幹	未然形	連用形	終止形	連体形	仮定形	命令形
			―ない ―う／よう	―ます ―た ―て	―。	―とき ―ので	―ば	―。
五段	聞く	き	―か ―こ	―き ―い	―く	―く	―け	―け
上一段	起きる	お	―き	―き	―きる	―きる	―きれ	―きろ
下一段	調べる	しら	―べ	―べ	―べる	―べる	―べれ	―べろ
カ変	来る	○	こ	き	くる	くる	くれ	こい
サ変	する	○	し せ さ	し	する	する	すれ	しろ

五段活用は活用語尾が「ア・イ・ウ・エ・オ」の五つの段に変化します。上一段活用はイ段の音を中心として「イ・イ・イル・イル・イレ・イロ」と変化、下一段活用はエ段の音を中心として「エ・エ・エル・エル・エレ・エロ」と変化します。カ行変格活用とサ行変格活用は五段・上一段・下一段とは異なり、それぞれ特殊な語形変化になっています。

なお、動詞は語によって連用形で音便が生じる場合があります。音便とは発音しやすいように単語の一部の音が変化することで、接続助詞「て（で）」や助動詞「た（だ）」、「ございます」が続く際に、動詞や形容詞の語尾が変化します。「書く」であれば「書いて」、「買う」であれば「買って」、「読む」であれば「読んで」となりますが、動詞の音便はイ音便、促音便、撥音便に分けられます。形容詞の音便はウ音便のみとなります。

イ音便：「て（で）」「た（だ）」の前のイ段の音が「い」になる　[例] 急いで・聞いた
促音便：「て（で）」「た（だ）」の前のイ段の音が「っ」になる　[例] 言って・行った
撥音便：「て（で）」「た（だ）」の前のイ段の音が「ん」になる　[例] 読んで・飛んだ
ウ音便：「ございます」の前の「く」の音が「う」になる　[例] よろしゅうございます

形容詞と形容動詞は、動詞とは異なり、命令形がありません。また、形容詞は活用の種類は一種類ですが、形容動詞は活用の種類を普通体と丁寧体の二種類に分けます。

形容詞・形容動詞は打消を表す際、補助形容詞「ない」が続きますが、その際、未然形ではなく連用形となります。「「ない」が続く＝未然形」という印象が強く、動詞の場合と混同しやすくなっています。形容詞・形容動詞は未然形・連用形で後に続く言葉が動詞と異なるという点はしっかりと押さえておきたいところです。

品詞	基本形	語幹	未然形	連用形	終止形	連体形	仮定形	命令形
			—う	—た —ない —なる	—。	—とき —ので	—ば	—。
形容詞	高い	たか	—かろ	—かっ —く	—い	—い	—けれ	○
形容動詞	静かだ	しずか	—だろ	—だっ —で —に	—だ	—な	—なら	○
形容動詞	静かです	しずか	—でしょ	—でし	—です	—です	○	○

2 活用表・活用形の説明

学校文法の活用表は、そのまとめ方に、他の文法論にはない特徴があります。一つは語形が同じでも異なる活用形に分けられることがある点であり、もう一つは語形が異なるのに同じ活用形になることがある点です。これは古典語「死ぬ」「往ぬ」の活用の枠組みを用いて現代語の活用をまとめたことによります。古典語の「死ぬ」の活用は次のとおりですが、未然形から命令形まですべての活用形で語形が異なります。

基本形	語幹	未然形	連用形	終止形	連体形	已然形	命令形
死ぬ	死	な	に	ぬ	ぬる	ぬれ	ね

古典語で六種の異なる活用形を持つ動詞は、この「死ぬ」「往ぬ」のみで、六つの活用形を立てて用言（助動詞）の活用を捉えるのは、語形変化の数が最も多い、これらの動詞に合わせたことによります。

次に、各活用形の性質と名称についてですが、指導の現場では命名の由来を挙げながら活用形の性質を説明するのが一般的でした。しかし、活用形の名称は当該の活用形に属するバリエーションを反映したものとなっていません。実際の指導では、未然形なら「ない・う（よう）に続く形」と説明しますが、その際、「書か（れる）」「書か（せる）」も未然形になるが、「書か（ない）」「書こ（う）」が未然形の代表であるため、この二つの形を取り上げて「未然形」と命名しているのだと説明するとよいでしょう。他の活用形、特に連用形や終止形も同様に説明を加えるようにします。

3 一段活用の語幹と語尾の扱い

学校文法の活用表は仮名書きで表記されますが、一段動詞の活用は仮名書きでは語幹と語尾をうまく認定できません。このような問題を避けるために、特に一段動詞については、ローマ字を用いて活用表を作成することが必要になってきます。

ローマ字を用いることで、一段動詞も語幹と語尾を正確に認定できるようになるうえに、活用の仕方も、五段動詞であれば「a・i・u・u・e・e・o」、上一段活用は「i・i・iru・iru・ire・iro」、下一段活用は「e・e・eru・eru・ere・ero」と見やすくなり、覚えやすくなります。

基本形	語幹	未然形	連用形	終止形	連体形	仮定形	命令形
		nai/u(you)	masu/ta	。	koto	ba	。
hanasu	hanas	a/o	i	u	u	e	e
miru	m	i	i	iru	iru	ire	iro

ただ、高校古典学習との連携を図るならば、結局は仮名書き活用表を作成できるようにしなくてはなりません。そこで、妥協案として、一段動詞を中心に先にローマ字書き活用表を作成し、それと仮名書き活用表を対照させ、一段動詞の語幹と語尾について注意点を説明することとします。そのためには、二種の活用表が併記され、以下のように対照できるようになっていることが望まれます。

動詞	語幹	未然形	連用形	終止形	連体形	仮定形	命令形
		nai/u(you) ナイ・ウ（ヨウ）	masu/ta マス・タ	。 句点	Koto コト	Ba バ	。 句点
hanasu	hanas	a/o	i	u	u	e	e
話す	はな	さ／そ	し	す	す	せ	せ
五段活用		-a/-o	-i	-u	-u	-e	-e
miru	m	i	i	iru	iru	ire	iro
見る	（み）	み	み	みる	みる	みれ	みろ
上一段活用		-i	-i	-iru	-iru	-ire	-iro

4 本提案の効用と問題点

本書では、現状を踏まえた改善案として、「活用表にローマ字表記を取り入れる」ことを挙げ、指導に取り入れることを提案しました。これによって、活用と活用形の認定の矛盾や、一段活用の語幹の認定の不備をとりあえず回避することができますが、現行の制度の中では、最終的には生徒に学校文法の活用表を理解させる必要があり、結果的にはローマ字表記の活用表で一段動詞の活用を確認したという程度に過ぎません。

また、活用表作成の作業の際には、生徒案の多出を避けるために、音便形の存在しないサ行五段動詞を例にすること(1)、ローマ字で活用表を作成する際は、長音の表記を ou にすること(2)、ローマ字の活用表は形容詞・形容動詞の活用の指導には向かないこと、指導の手順が決まってしまうことなど、かなりの制約があることも否めません。こうした点に気を付けつつも、ローマ字をうまく活用して、学校文法の問題点を回避してもらえばと思っています。

【注】

（1）活用表作成の作業については、4章3節を参照のこと。

（2）ローマ字で活用表を作成する際の配慮点については、矢澤真人（2010）「国語教育の文法と日本語教育の文法」砂川有里子・加納千恵子・一二三朋子・小野正樹編著『日本語教育研究への招待』くろしお出版、141～157頁を参照のこと。

4 助動詞

① 学校文法における助動詞

学校文法では、単独では文節を作れず、活用があり、主に用言などに付いて、様々な意味を加える単語を「助動詞」としています。用言以外にも体言や他の助動詞や助詞に付くこともあり、活用のない助動詞もあります。

助動詞は、意味、接続、活用からそれぞれ分類されますが、学校文法の基盤となった『中等文法』では、助動詞として次の語が挙げられています(1)。

せる・させる　れる・られる　ない・ぬ（ん）　う・よう　たい
ます　た（だ）　そうだ　まい　ようだ　らしい　だ・です

そして、それぞれの助動詞について、どのように活用し、どの品詞、どの活用形に接続するのか、どのような意味を持つのか説明しています。助動詞各語の意味は次のとおりです(2)。

せる・させる…使役　れる・られる…受身・可能・自発・尊敬　ない・ぬ（ん）…打消
う・よう…推量・意志　たい…希望　ます…丁寧　た（だ）…過去・完了・存続

そうだ…様態・伝聞　まい…打消推量・打消意志　ようだ…たとえ・不確かな断定・例示
らしい…推定　だ・です…断定

一方、国語教科書では、意味、接続、活用のうち意味の面が重視され、各語がどのような意味を持つのかが特に問題とされます。助動詞各語の意味は、教科書間で若干の異なりは見られますが、次のようなものが挙げられています(3)。

	光村図書	教育出版	東京書籍
れる・られる	受け身・可能・尊敬・自発	受け身・可能・自発・尊敬	受け身・可能・自発・尊敬
せる・させる	使役	使役	使役
たい・たがる	希望	希望	希望
ない・ぬ（ん）	否定（打ち消し）	打ち消し	打ち消し
う・よう	推量・意志・勧誘	意志・勧誘・推量	意志・推量・勧誘
た	過去・完了・存続・想起	過去・完了・存続・確認	過去・完了・存続
ます	丁寧	丁寧	丁寧
らしい	推定	推定	推定
ようだ・ようです	推定・比喩	推定・たとえ・例示	推定・たとえ
そうだ・そうです	推定・様態・伝聞	様態・伝聞	様態・伝聞
まい	否定の意志・否定の推量	打ち消しの意志・打ち消しの推量	打ち消しの意志・打ち消しの推量
だ・です	断定	断定	断定

これを見ると、『中等文法』が挙げる語に加えて、「ようです」「そうです」や「たがる」が助動詞として挙げられていたり、「う・よう」「ようだ」など『中等文法』とは異なる意味が挙げられたりしていることがわかります。助動詞と認定する単語、各語の意味については、教科書間で大きな異なりはありませんが、「ない・ぬ（ん）」「まい」の意味の名称、「た」「そうだ・そうです」の意味の種類などは教科書間で異なりが見られるので注意が必要です。

国語教科書では、例文を挙げながら各語の意味を説明していき、接続の仕方や活用の型については、助動詞活用表を示すことで説明しています。「れる・られる」「せる・させる」「う・よう」の使い分けについては、活用表に記載される接続の仕方で説明され、「れる」「せる」は五段・サ変の動詞の未然形、「られる」「させる」はそれ以外の動詞の未然形に付くとされます。また、「たい・たがる」は主語の人称によって使い分けられ、「たい」は話し手自身の希望、「たがる」は話し手以外の人の希望を表すものとされ、「だ・です」「ようだ・ようです」「そうだ・そうです」については、丁寧に述べる際に「です」「ようです」「そうです」が用いられるとされます。

従来の指導は、例文を確認しながら十二種類の助動詞の意味を順番に見ていくもので、生徒にとっても教師にとっても負担の大きいものでした。そこで、初学の段階では、すべての助動詞とその意味を教え込んでいくのではなく、いくつかの語を取り上げ、助動詞の働きを中心に指導していくようにするのがよいでしょう。取り上げる語を絞ることで学習指導の負担を軽減し、作業を通した学習指導を展開することで助動詞の働きに関する理解を図ることができます。

2 助動詞相当の複合辞の扱い

学校文法では助動詞を単語として認めていますが、日本語学では助動詞を単語として認めない立場も見られます。本書では、学校文法に準拠して助動詞を単語と認める立場を採りますが、「かもしれない」や「にちがいない」のように、学校文法では複数の単語に分けられる複合辞については、助動詞と同様の働きを持つことから、ひとまとまりの単語として捉え、その意味や働きを見ていくことにします。なお、「について」や「として」のように、助詞と同様の働きを持つ複合辞についても、同様に扱います。

平成九年版の東京書籍の教科書では、助動詞の説明の中で次のような複合辞が挙げられ、その意味や働きが次のように説明されていました(4)。

○助動詞と同様のはたらきをする言葉

・書物で得た知識は、実際には役立たないと言う人もあるかもしれない。

右の「か―も―しれ―ない」は、一つの単語ではない。しかし、この形がひとまとまりになって使われ、不確かな推量の気持ちを表す。

このような類の言葉がいろいろある。

・この知らせを聞いたら、彼は喜ぶにちがいない。〈確信を持った推量〉

・ノートに記入しておかなければならない。〈必要〉

・にこにこしているところを見ると、何かいいことがあったとみえる。〈推定〉

・この土器は千四百年前に作られたということだ。〈伝聞〉

・お年寄りには親切にしてほしい。〈希望〉
これらの言葉は、助動詞と同様に、文の終わりについて話し手や書き手の気持ちや判断を表すはたらきをするものと見ることができる。

「かもしれない」「にちがいない」「なければならない」「とみえる」「ということだ」「てほしい」の六つの複合辞が挙げられ、助動詞と同様に、それぞれの語句の意味が示されています。また、複合辞の働きとして「文の終わりについて話し手や書き手の気持ちや判断を表す」ことが挙げられ、助動詞と同様の働きを持つとされています。

このように、助動詞相当の複合辞を取り上げ、その働き・意味を説明していくことができれば、「だろう」も「にちがいない」も「かもしれない」も〈推量〉を表す語句として、相互の意味の違いを見ていくことができますし、補助動詞「いる」「おく」なども「ている」「ておく」の形で意味や働きを見ていくことができます。述語の形態と意味を押さえて、文意を的確に捉えるためにも、助動詞相当の複合辞は助動詞と同様に扱う必要があります。表現や理解に役立つ文法指導が求められていますが、複合辞を取り入れて助動詞を扱うことはその一方策になると考えられます。

ただ、ここで注意したいことは、助動詞の学習の中でどのような複合辞を取り上げるかです。森田・松木(1989)は助動詞相当の複合辞を一五〇語ほど挙げており(5)、学校文法の助動詞と比べてかなり数が多くなっています。助動詞に加えて助動詞相当の複合辞も扱うにしても、「助動詞と同様の働きの語句」として紹介する程度に留めるようにするのが現実的でしょう。

3 多義の助動詞の扱い

学校文法における助動詞の分類は意味による分類が基調となっていますが、実際には助動詞の意味を個々に説明することが中心となっており、多義の助動詞の意味や使い分けは十分説明されていません。

多義の助動詞に「れる・られる」があります。「れる・られる」は［受身］［尊敬］［可能］［自発］を表すとされますが、どのような場合なら［受身］を表し、どのような場合なら［尊敬］を表すのかについては、学校文法で説明がなされていないので、意味の識別は直観に頼らざるを得ません。

複数の意味を持つ助動詞については、文型や語形との対応を確認しながら意味を見分けていく必要があります。山田（２００４）は、「れる・られる」文の主語にくる名詞に着目して、［受身］［尊敬］［可能］の見分け方を次のように説明しています。

受身　田中くんが先生にほめられた。（文型「AがBに~れる・られる」）
尊敬　林先生がみんなをほめられた。（文型「Aが~れる・られる」）
可能　こんな出来では（私がそれを）ほめられない。（文型「Aが~れる・られる」）

受身では動作をする人（「先生」）が格助詞「に」を伴って表され、代わりに動作を受ける人が格助詞「が」を伴って表されています。これに対し、尊敬と可能では動作をする人が格助詞「が」を伴って表されています。

尊敬と可能は、尊敬できる人が格助詞「が」を伴って表されているかどうかでもわかりますが、「~することができる」で置き換えられるかどうかでもわかります。置き換えられれば可能、置き換えられなければ尊敬です(6)。

残りは［自発］です。［自発］の「れる・られる」は「Aが〜れる・られる」という文型を作りますが、思考や心情に関わる「思う」「感じる」などの限られた動詞にしか付かず、主語となる語句も思考や心情の〈主体〉ではなく〈対象〉ということで、他の「れる・られる」とは大きく異なっています。このように、付属する動詞や主語となる名詞の性質に着目することで、多義の助動詞の意味を見分けることができるのです。

問題集や参考書はこれらを解答テクニックとして説明していますが、授業ではテクニックとして与えるのではなく、例文を比較することで意味と文型の対応を生徒に気づかせるようにしたいものです。主語・述語の意味特徴、格助詞の取り方などに着目し、それらの文型の特徴と助動詞の意味をセットにして理解できるような作業を授業に組み込んでいくよう心がけたいところです。

このように、文中の語句の形や役割に着目したり、他の語句に置き換えたり、決まった語句を入れてみたりすることによって、複数の意味を持つ助動詞を見分けることができます。助動詞の意味を単に与えるのでなく、このような分析の方法を見せることで、生徒自身で意味を分析することが可能となり、語形や語句の役割に注意しながら文を見ていく力が養われていくものと期待されます。

4 類義・同カテゴリーの助動詞の扱い

多義の助動詞だけでなく、類義の助動詞の意味や使い分けについても、学校文法では十分説明されていません。類義の助動詞の例として「ようだ」と「らしい」が挙げられますが、学校文法では推定を表す助動詞とされるのみで、意味の違いを説明していません。しかし、これらの助動詞にも細かい意味の違いが存在し、文脈に応じて使い分けがなされているのです。益岡・田窪（1992）は両語の違いについて次のように説明しています。

「らしい」が、多少突き放した、ある意味では、責任を避けた判断になる傾向が強いのに対して、「ようだ」(「みたいだ」)は、自分の責任で判断を下したという意味あいが強い。したがって、(79)のような、自分の判断を示す必要がある場合には、「ようだ」(「みたいだ」)がふさわしく、「らしい」は不適切である。

(79) 反対の方いらっしゃいますか。どうやら全員賛成のようですので、そのように決めさせていただきます。(7)

こうした意味の違いや使い分けを捉えるには、用例を集めたり助動詞を置き換えたりして、類義の助動詞を相互に比較していくことが必要となります。

推定の助動詞の他にも、推量を表す助動詞相当の複合辞も意味の違いを捉えていきたいところです。学校文法では、推量を表す助動詞として「う・よう」が挙げられていますが、現代語では「う・よう」は意志・勧誘を表す助動詞として用いられ、推量を表す助動詞(相当の複合辞)としては「だろう」が用いられています。「だろう」の他に「かもしれない」や「にちがいない」も推量を表しますが、学校文法ではこれら三語をいずれも複数の語からなるものとしています。森田・松木(1989)は「かもしれない」「にちがいない」を「推量・推測・推定を示す複合辞」に分類していますが(8)、「だろう」と合わせて、推量の助動詞および助動詞相当の語句とし、次のように各語の意味とその違いを見ていけば、話し手(書き手)の判断の有り様を適切に捉え、文章内容を正確に読み取るための知識・技能を養うことができます。

(1) 林さんはあの人だろう。　だろう…推量（非断定）
(2) 林さんはあの人かもしれない。　かもしれない…不確実な推量
(3) 林さんはあの人にちがいない。　にちがいない…確実性の高い推量

類義・同カテゴリーの助動詞の扱いについては、同じグループの助動詞を相互に比較する観点を持つべきとしましたが、助動詞だけでなく助動詞相当の複合辞を含めて比較することで、的確な表現・正確な理解につながる知識・技能が養われていくものと期待されます。

【注】
(1) 文部省（1943）『中等文法二』中等学校教科書株式会社、81～119頁
(2) 同右
(3) 光村図書『国語2』249～250頁、教育出版『伝え合う言葉中学国語3』244～247頁、東京書籍『新編新しい国語2』262～264頁
(4) 東京書籍『新しい国語2』（平成9年度版）269～270頁
(5) 森田良行・松木正恵（1989）『日本語表現文型―用例中心・複合辞の意味と用法』アルク
(6) 山田敏弘（2004）『国語教師が知っておきたい日本語文法』くろしお出版、88頁。なお、文型は筆者が加えています。
(7) 益岡隆志・田窪行則（1992）『基礎日本語文法―改訂版―』くろしお出版、128頁
(8) 森田・松木（1989）250～265頁

5 指示する語句・接続する語句

1 学校文法における文章の文法

学校文法では、文章の文法として、指示語と接続語が取り上げられています。

指示語とは、具体的な名称を示す語句の代わりに、事物や場所などを指し示す働きの語句のことで、いわゆる「こそあど言葉」が中心となります。

	こ	そ	あ	ど
事物	これ	それ	あれ	どれ
場所	ここ	そこ	あそこ	どこ
方向	こちら	そちら	あちら	どちら
状態	こんな／こう	そんな／そう	あんな／ああ	どんな／どう
指定	この	その	あの	どの

また、指示語には、文中の語句や内容、文全体を指し示して、前後の内容や文をつなぐ働きもあります。一般に、先行の語句や文を指し示しますが、後に続く語句や文を指し示すこともあります。

(1) 学校の北側に小さな公園がある。その隣が私の家だ。

(2) 母が帰ってきた。そのとき、僕は本を読んでいた。

(3) 試合前に監督はこう言った。「これまでの努力を信じて、思い切りやろう。」

(1)の「その」は前文の「小さな公園」という語句を指し示し、(2)の「その」は「母が帰ってきた」という前文全体を指し示しています。また、(3)の「こう」は「これまでの努力を信じて、思い切りやろう。」という後続文全体を指し示しています。

「こそあど言葉」以外でも、「次は・次の・以上は・以下の・上記は・右は・左の・前者は・後者は」などの、文中の語句や内容、文全体を指し示す語句も指示語に含めます。

(4) 風邪の予防には次の三点が有効です。一つ目はうがいをすること、二つ目は睡眠を十分にとること、三つ目はビタミンをとることです。

こうした働きを踏まえて、国語教科書などでは、文章を読む際に、指示語が指し示す語句や内容を押さえながら読むことが重要とされています。また、指示語の指示内容を答える際、語句そのものを指す場合以外は、

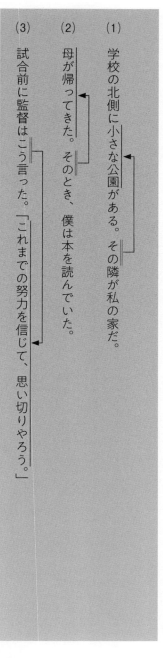

「こと」や「ということ」など名詞化する語句を補うように指導されます。入試問題をはじめとしてテスト問題でよく取り上げられ、「読むこと」の基本技能の一つに数えられてきました。

次に接続語です。接続語とは、前後の語句や文、段落をつないで、その関係を示す語句のことです。接続詞の分類と同じですが、次のような種類に分けられます(1)。

順接	前の部分が後の部分の原因や理由になる	だから・そこで・すると・したがって
逆接	前の部分から予想される結果に反する事柄が、後の部分で述べられる	しかし・でも・けれども・ところが
累加　並列	前の事柄にあとの事柄をつけ加えたり、並べたりする	そして・それから・それに・そのうえ・しかも・また・および
対比　選択	前の事柄とあとの事柄を比べたり、どちらかを選んだりする	それとも・あるいは・または
転換	前の事柄とは別の内容を述べ始める	ところで・さて・それでは・では
要約　言い換え　補足	前の事柄をまとめたり、言いかえたり、つけ加えたりする	つまり・すなわち・ただし・なお・ちなみに

(5) 名前を鉛筆または黒ペンで記入してください。

(6) 雨が降り始めた。しかし、試合は開始された。

(5)は「鉛筆」と「黒ペン」といった語をつないで、いずれかを選択することを示しています。一方、(6)は「雨が降り始めた」と「試合は開始された」という文をつないで、前文から予想される結果に反する事柄が後文で述べられていることを示しています。

また、話し手・書き手が前後の文や段落をどのような関係でつなぐかによって、接続語が違ってきます。次の(7)・(8)は、接続語の前後は同一ですが、接続語が違うことで、(7)は話し手・書き手が事態を「満足」と捉え、(8)は「不満」と捉えていることがわかります。

(7)　がんばって走りぬいた。だから、二位だった。
(8)　がんばって走りぬいた。しかし、二位だった。

こうした働きを捉えて、国語教科書などでは、接続語に着目して前後の語句・文・段落の関係を捉えて読むことが重要とされています。また、入試問題をはじめとしてテストでは、前後の関係を捉えて適切な接続語を選ぶ問題がよく出題され、指示語と同様に「読むこと」の基本技能の一つに数えられてきました。

この他に、言葉の単位として、段落・文章が取り上げられています。段落とは、文章を内容などから区切ったまとまりのことで、段落の変わり目では改行して、最初の一字分を空けて示します。ただ、何を以て「まとまった内容」とするかは明確ではなく、段落設定の基準も定まっていないという問題があります。また、文章とは複数の文から構成され、それらが文脈を持つことで一つの表現体として統合されたものですが、こちらも何を以て「一つの表現体」とするかは必ずしも明確ではありません。書かれたものを対象として段落・文章を認定することは難しくありませんが、適切に段落を設定してわかりやすく読みやすい文章を作成することは簡単ではないというところに、文章指導上の問題点が存在しています。

2 指示する語句・接続する語句

国語教育では、長らく「指示語」「接続語」という用語が使われてきましたが、最近では国語教科書でも「指示する語句（言葉）」「接続する語句（言葉）」という用語が使われるようになり、そこに含まれる語句の範囲も広くなってきました。そこで、「指示語」「接続語」の問題点を確認しながら、「指示する語句」「接続する語句」の範囲と扱いを見ていくことにしましょう。

「指示語」「接続語」という用語は、文または文章における働き（機能）を取り立てて名付けられたものですが、従来の国語教科書に挙げられた指示語・接続語の例を見ると、いずれも単語形式のものが中心となっており、単語の分類の一種である「指示詞」「接続詞」と同一のものと見えてしまいます。学校文法では、「指示詞」という品詞は立てられていないため、指し示す働きの語句をまとめて「指示語」と呼んでも特段の問題はないのですが、「接続語」は文の成分の一種に数えられ、接続詞のみで構成される文節の他、接続助詞を含む文節も含むため、前後の語句・文・段落をつなぐ働きの語句を「接続語」と呼ぶと、文の成分としての「接続語」と混同してしまいます。

また、指示語には「次の」「以上は」のように複数の語句からなる例も含められているものの、指示語・接続語とも単語形式からなる例が中心のため、「このように」「以上のことから」など複数の語からなる語句（連語）が実際の学習指導で取り上げられない傾向にあります。しかし、こうした語句は説明的文章によく用いられ、文章の展開や要点、筆者の主張を読み取るうえで重要な語句となっています。実際の授業でもこうした語句を押さえながら学習指導が進められています。文法の学習指導でも取り上げて、その働きや種類が理解され、

「読むこと」「書くこと」の学習指導で活用されるようになれば、表現・理解につながる文法指導の実現が進んでいきます。

学習指導要領でも、昭和43・52年版では「指示する語句」「接続詞およびこれらと同じようなはたらきをもつ語句」という用語が用いられ、複数の語からなる語句（連語）も含めて捉えられてきました。平成元・10・20年版では「指示語や接続詞及びこれらと同じような働きをもつ語句」となりましたが、平成29年版では「指示する語句と接続する語句」となっています。こうした動きも踏まえて、本書では、従来の「指示語」「接続語」という用語ではなく「指示する語句」「接続する語句」という用語を用いることとし、その範囲も単語形式のものから複数の語からなる語句（連語）形式のものまで含めるようにします。その際、説明的文章によく使われる語句を積極的に取り上げ、「読むこと」「書くこと」の学習指導での活用が図られるように指導していきたいと考えています。

3 表現・理解への活用を念頭に置いた接続する語句の扱い

説明的文章の学習指導を念頭に置いて指示する語句・接続する語句の学習指導を考えるとすれば、どのような語句を取り上げていけばいいでしょうか。ここでは接続する語句を取り上げ、「読むこと」の学習指導を念頭にその扱いを見ていくこととします。

まずは、石黒（２００８）を基にして、接続する語句を以下のように分類し、語句の例を挙げてみます。日本語記述文法研究会（２００９）も参照しながら、単語形式のものから語句（連語）形式のものまで含め、国語教科書よりも幅広く語句の例を挙げました(2)。

順接	〔確定条件〕だから／それで／そのため／したがって／ゆえに／よって／そこで 〔仮定条件〕それなら／それでは／そうしたら／すると／してみると／そうなると
逆接	しかし／だけど／でも／ところが／それが／それなのに／そのわりに／と（は）いっても／とはいえ／そうはいっても
並列	〔添加〕そして／それで／それと／あと 〔累加〕それに／そのうえ／そればかりか／ひいては／しかも／それも 〔並列〕および／ならびに／かつ／なおかつ
対比	〔対比〕それに対して／反対に／反面／逆に／一方／他方 〔選択〕または／もしくは／あるいは／それとも
列挙	第一に／一つ目に／まず／はじめに／それから／また／さらに／ほかに
換言	〔換言〕すなわち／つまり／いいかえると／いわば／いってみれば 〔代替〕その代わりに／そうではなくて／というより／むしろ
例示	〔例示〕たとえば／実際／事実　〔卓立〕特に／とりわけ／なかでも
補足	〔理由〕なぜなら／なぜかというと／どうしてかというと／というのは 〔補足〕ただし／ただ／もっとも／ちなみに／なお
転換	ところで／さて／では／それにしても／話は変わるが／それより
結論	〔まとめ〕このように／以上のように／要するに／こうして／このようにして 〔無視〕いずれにしても／どちらにしても／何はともあれ／とにかく

先に挙げた国語教科書のものとは接続関係の種類立てが異なっていますが、国語教科書の分類には見られなかった種類・語句が挙げられ、より広く接続する語句を捉えることができます。

次に、光村図書の中学校国語教科書『国語1』『国語2』に所収の説明的文章を対象として、単語形式から連語形式のものまで含めて接続する語句を抽出しました。総計180例で、各語句の出現数を挙げると、次のようになります。

しかし31　また15　つまり11　そして11　例えば10　だから9　いっぽう（一方で）8
このように8　さらに8　すると8　そこで7　そのため5　ところが5　逆に4　まず4
ただ（ただし）3　では3　あるいは2　以上のことから2　これに対して2　したがって2
そうすると2　それでは2　それとも2　だが2　次に2　かつ1　けれども1　こうして1
最後に1　さらにいえば1　しかも1　実際1　それから1　それにしても1　だとしたら1
とするならば1　とはいえ1　特に1　なお1

最も出現数の多いのは逆接の「しかし」で、列挙の「また」、換言の「つまり」、並列の「そして」、例示の「例えば」と続きます。単語形式のいわゆる接続詞の出現が多いものの、語句（連語）形式のものでは「このように」の出現がまとまって見られました。

(9)　真ん中に穴の空いた丸いドーナツを相手が知っているならば、一言で「ドーナツのような形」ということができる。しかし、もし比喩を使わないとしたら、言葉を尽くしても、伝えることは難しいのではないだろうか。このように、比喩には、形状をわかりやすく伝える効果がある。（森山卓郎「比喩で広がる言葉の世界」光村図書『国語1』74頁）

⑽　このように、ダイコンの白い部分は異なる器官から成っていて、器官の働きによって味も違うのです。（稲垣栄洋「ダイコンは大きな根？」光村図書『国語1』45頁）

「このように」「以上のように」などの〝まとめ〟を表す接続表現について、日本語記述文法研究会（2009）は「それまで述べてきた談話の内容を一括し、後続部でその内容を凝縮して提示することを示す」と述べています。また、三好（2020）は「このことから」と比較して、「このように」は「後文脈には帰納的な抽象化を行った内容が現れる」としています(4)。

⑼の「このように」は、直前で述べられた内容から帰納的に得られる比喩の効果を後続部でまとめることを示しており、⑽の「このように」は文末の「のです」とセットで用いることで、先行部（第2〜9段落）で述べられた内容の要点を挙げ、本文における問いの答えを後続部で結論的にまとめることを示しています。「このように」に着目することで、ここまで述べてきたことを踏まえて、筆者がどのようにまとめ、結論づけているのかを捉えることができ、筆者の考えや捉え方を読み取ることができます。

この他にも、「以上のことから」「これに対して」「そうすると」なども用いられていますが、こうした語句（連語）形式のものも単語形式の接続詞と同等に扱い、各語句の働きを踏まえて前後の関係を捉えることで、文章の展開や筆者の考えが捉えられるようになるだけでなく、文章における情報と情報の関係や筆者の説明の仕方も捉えられるようになります。接続する語句の学習指導では、こうした説明的文章の学習指導を念頭に置いて、語句（連語）形式のものも含めるとともに、接続詞と同様にその種類や働きを見ていくようにしていきたいものです。

【注】

（1）教育出版『伝え合う言葉中学国語2』（令和3年度版）290～291頁をもとに作成。

（2）石黒圭（2008）『文章は接続詞で決まる』光文社、日本語記述文法研究会編（2009）『現代日本語文法7　第12部談話第13部待遇表現』くろしお出版

（3）日本語記述文法研究会編（2009）130～131頁

（4）三好伸芳（2020）「〝まとめ〟を表す接続表現と後文脈の制約」『實踐國文學』第97号、88～101頁

3章

指導のために知っておきたい生徒の文法力

1　生徒の作文における文法的不具合

1　作文における文法的不具合の調査

作文の記述・推敲に活用される文法力といえば、日本語の文法に則って、正しく文・文章を構成したり、効果的に表現したりする能力のことと考えられます。こうした文法力の育成が国語教育において明確に図られるようになったのは、戦後になってからのことです。

戦後の国語教育では、昭和20年代後半から30年代にかけての「文法ブーム期」において、読解や作文に関連付けた機能的な文法指導が志向され、読解における文法指導、作文における文法指導が盛んに研究・実践されました[1]。作文における文法指導は、文法的不具合[2]の修正を通して文法を指導する「誤用文法」と、正しい表現、効果的な表現ができるように実践的な観点で文法を指導する「表現文法」に区分されましたが、現場の実践は誤用文法が中心となっていました。誤用文法の実践に際しては、学習者の実態把握を目的として作文の調査・分析が数多くなされ、児童・生徒の作文に見られる文法的誤りが分類・整理されました。

昭和30年前後の国語教育における文法的不具合の扱いを調査した松崎（２０１４）によると、文法的誤りは「主述関係」「修飾関係」「助詞の使い方」「接続の仕方」「その他」に大きく分類され、主述・修飾関係は「不照応」「重複」「脱落」、助詞の使い方は「誤用」「脱落」、接続の仕方は「乱用」「誤用」に整理されていました[3]。学校文法を踏まえた分類のため、戦後の作文・文法指導で広く用いられ、作文における文法的不具合を捉える指標として現在でも利用されています。

そこで、本書でもこの分類に基づいて文法的不具合を捉えることとし、中学1～3年生が書いた作文を対象に主述および修飾の不具合を調査した結果を挙げて、その出現状況と傾向を見ていくこととします。

2 調査の対象と結果

調査対象の作文は、国立大学附属中学校1校3学年（1～3年生）が「夢」という題のもとで書いたものです。時間は45分間で、字数の指定はなく、題目の提示以外、教師の指示や指導は一切なされていません。なお、今回の調査では各学年4クラスのうち2クラスずつを抽出し、3学年分で合計235編を対象としています。

調査対象の作文における主述の不具合を集計した結果、総数は75例となりました。種類別に出現数とその割合を示すと、表1のようになります。なお、出現率は学年ごとに「種類別の出現数／出現総数」で算出しています。

主語と述語の不照応が多く、3学年全体で66・7％の出現率となっています。主語・主題助詞の誤用は21・3％、主語または述語の脱落は12・0％の出現率となっており、主語と述語の不照応に次ぐ出現率となっていますが、それでも主語と述語の不照応の出現率の3分の1にも至りません。なお、主語または述語の重複は本調査対象では見られませんでした。

各学年で主語・主題助詞の誤用や主語または述語の脱落が見られるものの、

表1　中学生作文における主述の不具合

	1年	2年	3年	
①主語と述語の不照応	23 (65.7%)	10 (62.5%)	17 (70.8%)	50 (66.7%)
②主語または述語の重複	0 (0.0%)	0 (0.0%)	0 (0.0%)	0 (0.0%)
③主語または述語の脱落	6 (17.1%)	2 (12.5%)	1 (4.2%)	9 (12.0%)
④主語・主題助詞の誤用	6 (17.1%)	4 (25.0%)	6 (25.0%)	16 (21.3%)
	35	16	24	75

中学生の作文における主述の不具合の多くは主語と述語の不照応によるものであることがわかります。小学生にも同一の傾向が認められますが(4)、主語と述語の対応を十分に図ることができず、作文において主述の不照応を引き起こしがちな生徒が一定数見受けられます。主語と述語を対応させて文章を書くことに課題があるといえましょう。

また、調査対象の作文における修飾の不具合を集計した結果、総数は102例となりました。種類別に出現数とその割合を示すと、下の表2のようになります。

修飾語と被修飾語の不照応が多く、3学年全体で83・3%の出現率となっています。修飾語または被修飾語の脱落は10・8%とまとまった出現率になっていますが、修飾語と被修飾語の重複は3・9%、修飾語の位置の不具合は2・0%の出現率に留まっています。

1年生では各種別で出現が見られたものの、2・3年生では修飾語と被修飾語の不照応にほぼ限られており、中学生の作文における修飾の不具合の多くは修飾語と被修飾語の不照応によるものであることがわかります。小学生にも同一の傾向が認められますが(5)、修飾語と被修飾語の対応を十分に図ることができず、作文において不照応を引き起こしがちな生徒が一定数見受けられます。修飾語と被修飾語を対応させて文章を書くことにも課題があるといえましょう。

表2　中学生の作文における修飾関係の不具合

	1年	2年	3年	計
①修飾語と被修飾語の不照応	39 (76.5%)	16 (88.9%)	30 (90.9%)	85 (83.3%)
②修飾語と被修飾語の重複	2 (3.9%)	0 (0.0%)	2 (6.1%)	4 (3.9%)
③修飾語または被修飾語の脱落	8 (15.7%)	2 (11.1%)	1 (3.0%)	11 (10.8%)
④修飾語の位置の不具合	2 (3.9%)	0 (0.0%)	0 (0.0%)	2 (2.0%)
	51	18	33	102

3 中学生の作文における主述の不具合

（1）不具合の種類と実例

主語と述語の不照応とは、主語または述語を構成する語句や形式の不備・欠落などによって主語と述語が対応しなくなったものです。

①主語と述語の不照応

(1) 私は昔、風邪をひきやすく度々小児科に連れていかれていました。（中3）
(2) 高れい化が進んでいるということは、働く人が少なくなっています。（中1）
(3) 私の小さな頃の夢は、ピアニストでした。（中3）

(1)は「連れていかれていました」が述語となりますが、主語「私は」を踏まえると、使役の「せる」を加えて「連れていかされていました」としたほうがよいでしょう。(2)は述語に形式の欠落があり、主語と対応しなくなっています。「ということです」を加え、「少なくなっているということです」にすべきです。また、(3)も述語に語句・形式の欠落が感じられます。「(に) なること」を加えて、「ピアニストになることでした」にしたほうがより整った表現になります。

②主語または述語の重複

同一の主語または述語が繰り返し出現することによって主語と述語が対応しなくなったものです。調査対象には出現が見られなかったので、参考として小学生の例を挙げます。

(4) お父さんにこういわれました。「お前絵のさいのうあるなぁ。」と言われました。(小5)

(4)は倒置がなされており、引用部が後置されています。後置文は引用部のみで十分であるため、述語「言われました」は削除すべきです。

③主語または述語の脱落

文中の主語または述語と照応させるべき述語または主語に当たる成分が脱落していることによって主語と述語に不具合が生じているものです。

(5) もしも、私が将来小説家になったら、文章のかき方に工夫し、読者を「未知の世界」へひきこませるように、主人公の気持ちになれるように、風景を想像できる文章を書けるような小説家になりたいと思います。(中1)

(6) 例えば、私が覚えている夢ではその頃、よくテレビでみていた「仮面ライダー」が出てきて、私がテレビの中で共演しているような夢。現実の友達が出てきて一緒に遊ぶ夢。(中3)

(5)は述語「なれるように」に対応する主語が脱落しています。「読者が」などを補って主語と述語の対応を図り、接続詞「そして」などを用いて、「ように」で終わる二つの従属節が並列の構造になるようにするとよいでしょう。また、(6)は体言止めが用いられ、文全体の述語が脱落しています。後続文が「その夢をみたときは…」と続くものの、述語の欠落感が拭えず、据わりの悪い文連続となっています。「私がテレビの中で共演しているような夢、現実の友達が出てきて一緒に遊ぶ夢」と並列し、「などがあります」などを補って、対応する述語を明記すべきです。

④主語・主題助詞の誤用

文脈及び文構成上の観点から見て主語の助詞に誤りが見られ、主語と述語に不具合が生じているものです。

(7) 医者・先生・保育士・スポーツ選手など職業とは数えきれないほどあります。(中3)
(8) 私が、もしその夢がかなったら、その人に合った薬を研究していると思います。(中1)
(9) 例えば、私がポップコーンを何個も落としたことがありました。(中1)

(7)は主語の助詞に誤りがあります。述語「あります」との対応を考えると、「とは」を「は」に変更すべきです。(8)は文末まで及ぶ主題助詞が誤っています。「が」を「は」に変更して、「私は」を文全体の主語としなくてはなりません。また、(9)は主題を表す主語助詞が誤っています。主題「私」が前文から継続されているため、「が」を「は」に変更して「私は」とすべきです。

(2) 主語と述語の不照応の分析

中学生の作文に見られる主語と述語の不照応は、その要因から「語句・形式選択の不備」「語句・形式の欠落」「文末不要」の3種類に分けられます。

語句・形式選択の不備とは、述語を構成する語句や形式の選択に不備があり、主語と述語が対応しなくなったものです。例文として次の⑽と先の⑴が挙げられます。

⑽　最近、テレビを見ていると、ニュースで「看護師がたりない」ということが耳に入った。（中2）

⑽は、主語となる「「看護師がたりない」ということが」を基準とすると、述語は「取り上げられていました」などとしなくてはなりません。主語と対応する語句で述語が構成されていないために生じた不具合です。

語句・形式の欠落とは、述語に必要な語句や形式が欠落し、主語と述語が対応しなくなったものです。例文として次の⑾～⒀と先の⑵・⑶が挙げられます。

⑾　私の考える旅はまずどこかでゆっくりとする。（中2）
⑿　私の将来の夢は薬剤師です。（中1）
⒀　ぼくが人工衛星開発技術者になろうと思ったのは、人工衛星「はやぶさ」の存在です。（中1）

⑾・⑿はいずれも主語の内容を説明する名詞文ですが、⑾は述語を名詞化する「こと」と判定詞の「だ・である」が欠落し、⑿は職業名に後接する格助詞「に」と動詞「なる」、そして述語を名詞化する「こと」が欠落しています。また、⒀は理由を説明する名詞文であり、述語を「あったからです」としなくてはなりません。

文末不要とは、文末で先行部の語句または内容を繰り返したり、文末に不要な語句を置いたりしたために、主語と述語が対応しなくなったものです。⒁は主語を構成する語句が述語でも繰り返されているため、主語と述語が対応しなくなっています。

⒁　きのうみたゆめは、なくなっていたかさがみつかた《ママ》ゆめをみました。

述語の語句または形式の不備による主述の不照応は以上の3つに分類できますが、種類別に出現数とその割合を示すと、表3のようになります。

この結果からわかるように、不具合の要因として語句・形式の欠落が多く、中学生作文に見られる主述の不具合の57・3％を占めています。さらに、欠落している語句・形式を見てみると、⑿のように述語に「になること」が欠落したものが多く、特に将来の夢について書かれた作文の冒頭文（第一文）に多く見られます。自分の将来の夢について「私の将来の夢は薬剤師です。」のように「になること」を含めずに述べる例がよく見られますが、慣用的に使用されていることもあって、不具合と感じない生徒が多いようです⑹。

また、⑾のように述語に「ことである」の欠落したものが一定数見られますが、形式名詞については、「こと」の他に「もの」「ところ」、⒀のように「から」の場合もあります。

以上、述語の語句または形式の欠落による主述の不照応の代表的な例を見てきましたが、これら3種類の出現状況は表4のようになっています。

表3　述語の語句または形式の不備による主述の不照応

	中１（35）	中２（16）	中３（24）	（75）
語句・形式選択の不備	1 (2.9%)	1 (6.3%)	5 (20.8%)	7 (9.3%)
語句・形式の欠落	22 (62.9%)	8 (50.0%)	13 (54.2%)	43 (57.3%)
文末不要	0 (0.0%)	1 (6.3%)	0 (0.0%)	1 (1.3%)
小計	23 (65.7%)	10 (62.5%)	18 (75.0%)	51 (68.0%)

「になること」が欠落したものは、３学年全体で28・０％の出現率となっています。語句・形式の欠落の中で最も高い出現率ですが、主述の不具合全体でも最も高い出現率となっています。小学生も同様の出現率で(6)、小・中学生とも主述の不具合の典型例となっています。

「ことである」が欠落したものは13・３％の出現率となっています。小学生の出現率４・６％と比べると(7)、この種の主述の不具合が中学生になって増加していることがわかります。

「からである」が欠落したものは９・３％の出現率となっています。小学生の６・４％と比べると低くなっていますが(7)、「なぜなら」などで書き出す理由文の不具合は一定数見られ、理由文全体の不具合が減少しているわけではありません。

4 中学生の作文における修飾の不具合

（１）不具合の種類と実例

①修飾語と被修飾語の不照応

修飾語または被修飾語を構成する語句や形式の不備・欠落などによって修飾語と被修飾語が対応しなくなっているものです。

(15) この感動をもう一回やりたいと思ったから、バスケを続け、プロになると決心しました。（中１）

表４　述語の語句・形式の欠落の種類別出現数

	中１（35）	中２（16）	中３（24）	計（75）
語句・形式の欠落	22 (62.9%)	8 (50.0%)	12 (50.0%)	42 (56.0%)
「になること」欠落	11 (31.4%)	6 (37.5%)	4 (16.7%)	21 (28.0%)
「ことである」欠落	2 (5.7%)	2 (12.5%)	6 (25.0%)	10 (13.3%)
「からである」欠落	6 (17.1%)	0 (0.0%)	1 (4.2%)	7 (9.3%)

⒃　この話から、夢というのは自分の生活環境が大きく影響されていることがわかります。（中3）
⒄　なぜかというと夢はバンダイホビーセンターに入社することだ。（中1）

⒂は被修飾語となる動詞が修飾語から見て不適切なもので、「やりたい」を「味わいたい」にすべきです。⒃は格助詞が不適切なもので、修飾語と被修飾語を構成する語の関係を見れば、「が」を「に」にすべきです。⒄は書き出しの理由表現に呼応した文末形式が被修飾語に欠落しています。「なぜかというと」に対応するように、被修飾語に当たる文末の述語に「からです」などの文末形式を補う必要があります。

②修飾語と被修飾語の重複

同一の修飾語または被修飾語が繰り返し出現することによって修飾語と被修飾語が対応しなくなったものです。

⒅　すると、女の子は、私にいままであった事を私に語ってくれた。（中1）
⒆　ただ困っている人をただ見ているだけではなく、助けてあげたいと強く思います。（中3）

⒅・⒆は被修飾語を同じくした同形の修飾語が重複する形で用いられています。いずれの例も被修飾語直前のものを残し、被修飾語から離れたものを削るべきです。

③修飾語または被修飾語の脱落

文中の修飾語または被修飾語と照応させるべき被修飾語または修飾語に当たる成分が脱落していることによって不具合が生じているものです。

⒇　テレビでは戦争で避難している難民の方々が多くいる。（中２）

(21)　通訳ははなせる言葉は、すごいたくさんの単語をおぼえたり、一しゅんで文章を翻訳したりとても大変だと思うけれどがんばって勉強をしてなりたいと思います。（中１）

⒇・(21)は下線部の修飾語に対する被修飾語が脱落している例です。⒇は「（と）言っている」などの被修飾語が脱落していると想定されますが、(21)は被修飾語が想定できません。修飾語のみが示された形になっており、斎賀（１９６７）のいう「宙に浮いた修飾語」になっています(8)。

④修飾語の位置

修飾語が被修飾語から離れた位置にあるため、修飾の関係が捉えにくいといった不具合が生じたものです。

(22)　しかし、本当に勉強をしていて夢にまでたどりつけるのだろうかと迷うこともありましたがそんな時は医者のドラマを見たり、本を読んだりしてモチベーションを上げて今も夢に向って一歩ずつ前進していきます。（中１）

(23)　父のように、人をすぐに笑顔にできるような歯医者をこえられるように、人との関わりなどを大切にし、日々努力していきたいと思います。（中１）

(22)の「本当に」は被修飾語との距離が離れ、修飾関係が読み取りにくくなっています。「本当にたどりつけるのだろうか」のように被修飾語の直前に置くようにして、修飾関係を明確にするべきです。また、(23)の「父のように」は「こえられるように」を修飾していると読むことができますが、前後の文脈から「歯医者」を修飾する語句だと判断されます。「父のような」と連体修飾にして、被修飾語「歯医者」の直前に置くようにし、「人をすぐに笑顔にできる、父のような歯医者になれるように」などとするべきです。

(2) 修飾語と被修飾語の不照応の分析

中学生の作文に見られる修飾語と被修飾語の不照応は、その要因から「語句・形式選択の不備」「語句・形式の欠落」に大別されます。

「語句・形式選択の不備」とは、修飾語または被修飾語を構成する語句や形式の選択に不備があり、修飾語と被修飾語が対応しなくなったものです。

(24) だからそんな人達が栄養補給をしっかりとれるものを考え出したいと思います。(中1)
(25) 全国へ行くことでこそ難しいですが、楽しみながら全国へ行くということはもっと難しいことだと思います。(中3)
(26) 僕は、これからも、色々な夢を持ち、その夢をかなえればいいなと思いました。(中1)

(24)は、修飾語と意味的に対応しない語句で被修飾語が構成されているために生じたものです。修飾語「栄養補給を」を「栄養補給が」とし、それに対応するように被修飾語を「できる」などにしなくてはなりません。

㉕は、被修飾語に対応する助詞で修飾語が構成されていないために生じたものです。程度の軽いものとして挙げて、それ以上のものを類推させているため、「こそ」は「さえ」にしなくてはなりません。

㉖は、修飾語との対応に必要な形式が被修飾語に欠落しているために生じたものです。今後の希望を述べているため、「かなえられれば」にしなくてはなりません。

語句・形式の欠落とは、修飾語または被修飾語との関係から必要となる語句や形式が被修飾語または修飾語に欠落し、修飾語と被修飾語が対応しなくなったものです。

㉗ 自分はまだ医学はくわしく知っている訳ではなく、体内の構造程度の知識しかありませんが、（以下略、中1）

㉘ なぜかというと夢はバンダイホビーセンターに入社することだ。（中1、⑰再掲）

㉗・㉘は修飾語または被修飾語に対応する語句が被修飾語または修飾語に含まれていないために生じたものです。修飾語「医学は」と被修飾語「知っている」が対応していないため、修飾語に「（の）こと」などを補う必要があります。㉘は「なぜなら」に対応する「からだ（です）」などの形式が欠落しています。文末を「入社することだからだ（です）」などとして呼応を図るべきです。

以上、修飾語と被修飾語の不照応の代表的な例を見てきましたが、これらの出現状況をまとめると、表5のようになります。

この結果からわかるように、不具合の要因として「語句・形式選択の不備」が多く、中学生の作文に見られる修飾の不具合の54・9％を占めています。一方、「語句・形式の欠落」は28・4％と、「語句・形式選択の不

ば、語句・形式の選択不備による不照応がその典型だといえましょう。

以上、中学生の作文における主述・修飾の不具合の出現状況について見てきました。主述の不具合については、主語と述語の不照応の出現率が高く、その中でも名詞文における述語語句・形式の欠落によるものが多いことが明らかとなりました。また、「ことである」「になること」が欠落した不具合文がまとまって出現していることも明らかとなりました。

一方、修飾の不具合については、修飾語と被修飾語の不照応の出現率が高く、その中でも「語句・形式選択の不備」によるものが多いことが明らかとなりました。選択の不備が見られる表現としては、助詞（格助詞）が最も多く、主たる要因になっていますが、理由を表す文末（「からです」）の欠落もまとまって出現しています。

本調査が対象とした作文は推敲の機会を設けておらず、ほとんど見直しがなされていないものと考えられます。推敲の機会を設けて、作文の見直しと修正を行わせたならば、一定数の文法的不具合は修正されるものと予想されます。しかし、主述・修飾の不具合については、中学3年になっても一定数出現することから、学年進行によって完全に解消されるとは言い難い面もあります。このことからも、文法の学習指導の中で文法的不具合を取り上げ、例文を挙げながら、不具合の要因と修正法を生徒が学べるようにする必要があると考えられます。本調査の結果

表５　修飾語と被修飾語の不照応の出現状況

	1年（51）	2年（18）	3年（33）	計（102）
語句・形式選択の不備	28 （54.9%）	10 （55.6%）	18 （54.5%）	56 （54.9%）
語句・形式の欠落	11 （21.6%）	6 （33.3%）	12 （36.4%）	29 （28.4%）
小計	39 （76.5%）	16 （88.9%）	30 （90.9%）	85 （83.3%）

を踏まえれば、主述の不具合については、述語語句・形式の欠落による主語と述語の不照応、修飾の不具合については、語句形式選択の不備による修飾語と被修飾語の不照応を取り上げるのがよいといえましょう。

【注】

（1）機能的な文法指導とは、文法を表現・理解の言語活動の中で指導したり、文法知識を表現・理解の言語活動に役立たせるように指導したりする指導方法のこと。（永野賢・市川孝（1979）『言語事項用語事典―学習指導要領』教育出版、30頁）

（2）一般的には「文法的な誤り」または「誤用」と呼ばれるが、「誤り（誤用）」とは言い切れない不具合も含むため、本書では「文法的（な）不具合」と呼ぶこととする。なお、「文のねじれ」とは、文中の成分間の不照応のことで、文法的不具合の一種に相当する。

（3）松崎史周（2014）「戦後作文・文法指導における「文法的誤り」の扱い」『目白大学人文学研究』第10号、301～317頁

（4）松崎史周（2021）「児童作文における「主述の不具合」の出現状況」『国文学論輯』第42号、43～60頁

（5）勘米良祐太・松崎史周（2017）「児童作文における「修飾関係の不具合」の分析」『浜松学院大学学習支援センター紀要』第8号、1～12頁

（6）大人が「将来の夢は」と尋ねると、子どもは「薬剤師」などと職業名で答えることが多い。このことから、「私の将来の夢は薬剤師です。」という文に不具合はないとする立場もあるが、本書では「になること」を述語に必要な要素とし、省略によって不具合が生じているものと判断する。

（7）注（4）に同じ。

（8）斎賀秀夫（1967）「文の整え方」『作文講座第二巻』明治書院、73～90頁

2 全国学力・学習状況調査に見る生徒の文法力

1 文法問題の出題状況と結果

平成19年度より全国の小・中学校の最高学年の児童・生徒を対象として全国学力・学習状況調査が行われています。小学校・中学校とも平成30年度までは、知識に関するA科目と知識活用に関するB問題に分かれて実施され、令和元年度以降はA問題とB問題が統合されて実施されています。

中学校国語（国語A）では、多くの年度で文法問題が出題されていますが、問題の概要と正答率を示すと、表1のようになります。

出題された問題を見ると、品詞を特定したり、用言を活用させたり、助動詞の意味を特定・識別したりと、文法の問題集や入試問題でも見られるような典型的な問題もありますが、文の成分が照応するように書き直したり、一文を二文に分けて書いたりと、作文の記

表1　中学校国語（国語A）における文法問題の概要と正答率

年度	番号	問題の概要	正答率
平成21年	1	主語に合わせて述語の部分を正しく書き直す	50.8%
平成22年	4一	修飾語に合わせて述語の部分を適切に書き直す	90.6%
	4二	一文を二文に分けて書く	43.3%
平成23年	9四	1「行う」、2「きれいだ」を活用させて書く	–
平成25年	8六	「すさまじい」と修飾・被修飾の関係にあるものを選択する	74.0%
平成26年	4二	主語を置き換えて行事の記録を書き直す	80.9%
平成27年	9四	①「青い」と②「青さ」の品詞を選択する	①63.1% ②34.7%
平成28年	9五	文章を書きなおした意図を選択する（修飾・被修飾の関係）	51.1%
平成29年	8四2	「心を打たれた。」を文末に用いた一文を、主語を明らかにし、「誰（何）」の「どのようなこと」に「心を打たれた」のかが分かるように書く	22.8%
令和2年	2二	本文中の「さえ」と同じ意味の用例とその意味を選択する	–
令和4年	2一	意見文の下書きの一部について、文末の表現（助動詞）を直す意図として適切なものを選択する	82.6%

述・推敲に関連付けた問題も見られます。文法の知識のみならず知識を活用した技能も文法力に含めていることがわかります。

また、作文に関連付けた問題を見ると、主語と述語の関係、修飾・被修飾の関係を取り上げたものが多く、生徒の文法力を見るうえで、これらが問題になっていることもわかります。生徒の作文に主述・修飾の不具合が一定数出現することによるものでしょう。

なお、正答率は問題によって大きく差があります。主述の不具合を修正する問題でも、問題となる不具合文の文型によって正答率が異なっており、生徒がどこに課題を抱えているのかがわかります。

ここでは、主語と述語の関係、修飾・被修飾の関係を取り上げて、生徒の文法力とその課題について見ていくことにします。

2　主語と述語の関係に関する文法力

主語と述語の関係に関する問題は平成21・26・29年度に出題されていますが、いずれも作文の記述・推敲に関連付けた問題となっています。

平成26年度には、修飾語を主語にして文を書き換える問題が出題されましたが、正答率は80・9％と高く、「主語に応じて文を適切に書き換えることについては定着していることが確認できた」とされています(1)。

二　池田さんは、ウェブページに掲載するために【行事の記録】をまとめています。掲載するに当たって、——線部を「青木さんが」を主語にして一文で書き直そうと思います。□の中に入るものとしてふさわしい内容を、意味を変えないようにして書きなさい。なお、「先導」という言葉はそのまま用いること。

【行事の記録】の一部

部長が、青木さんを先導し、グラウンドに登場しました。

↓

【書き直した一文】

青木さんが、［　　　　］、グラウンドに登場しました。

（平成26年度　全国学力・学習状況調査　中学校国語　A問題　大問4二　一部省略）

本問題では、正答の条件として、①青木さんが部長に先導されていることがわかるように書いていること、②「青木さんが、」と「、グラウンドに登場しました。」に適切に続くように書いていることが挙げられ、正答例として「部長に先導され」と「部長の先導により」が挙げられています。元の文を受動態に書き換えることを想定した問題ですが、主語・修飾語・述語とも一文節で構成され、格助詞の交換と述語の態の変換のみで書き換えられるため、生徒にとって解きやすい問題だったと考えられます。

一方、平成30年度には、主語を明らかにしながら指定の語句を用いて文を作成する問題が出題されましたが、こちらは正答率が22・8％と低く、「文の中における主語を捉えたり、主語を明示しながら適切に表現したりすることに課題がある」と指摘されました(2)。

2　「心を打たれた。」を文末に用いた一文を書きなさい。なお、「心を打たれた」の主語を明らかにした上で、「誰（何）」の「どのようなこと」に「心を打たれた」のかが分かるように書くこと。

（平成30年度　全国学力・学習状況調査　中学校国語　A問題　大問８四２）

本問題では、正答の条件として、①「心を打たれた」の正しい意味を理解して書いていること、②「心を打たれた」の主語を明確にして書いていること、③「だれ（何）」のことに「心を打たれた」のかがわかるように書いていること、④「どのようなこと」に「心を打たれた」のかがわかるように書いていること、⑤一文で書いていることが挙げられていますが、他の条件は満たしながらも、条件②を満たさずに不正解となった生徒が63・３％と多く、圧倒的に正答率を上回っています。主語を明示しながら述語と対応させて適切に表現することに課題のある生徒が多いということがわかります。

また、平成21年度には、主語に対応させて述語を適切な形に書き直す問題が出題されましたが、こちらも正答率が50・８％と高くはなく、「主語に対応させて述語を適切に書くことに課題がある」と指摘されました(3)。

一　――線部「この絵の特徴は、どの角度から見ても女性と目が合います。」は、「この絵の特徴は」と「目が合います」との言葉の関係が不適切です。この文の内容を変えないように、「合います」の部分を適切に書き直しなさい。

（平成21年度　全国学力・学習状況調査　中学校国語　A問題　大問１一）

この文は「この絵の特徴」がどのようなことなのか説明した文なので、「ことです」を加えて文末を「合うことです」などと直すことになりますが、「合ってしまいます」「合う」「合います」など動詞述語で文を結ぶ誤答がまとまって見られました。

同様の問題は、平成30年度小学校国語A問題でも出題されていますが、正答率は35・8%と低く、主語と述語との関係などに注意して、文を正しく書くことに課題があると指摘されています(4)。

5 大山さんは、春休みの出来事について文章を書いたあと、読み返して、……部と――部とのつながりが合っていない文があることに気づきました。次の【春休みの出来事の一部】をよく読んで、あとの（問い）に答えましょう。

【春休みの出来事の一部】 文のはじめにある数字は、その文の番号を示しています。

①ぼくは、校庭で野球の練習を毎日がんばりました。その努力は見事に実りました。②ぼくたちのチームは、地区大会で優勝したのです。③今年の春休みは、とてもじゅう実したものとなりました。でも、反省していることもあります。④反省点は、用具の手入れをあまりしませんでした。これからは、練習だけではなく、用具の手入れもしっかりがんばりたいと思います。

（問い）……部と――部とのつながりが合っていない文の番号を、①から④までの中から一つ選んで書きましょう。また、……部はそのままにして、文の意味が変わらないように、選んだ文を正しく書き直しましょう。

（平成30年度　全国学力・学習状況調査　小学校国語　A問題　大問5）

各文の主語と述語の対応を見ると、対応していない文は④となります。「ことです」を加えて文末を「しなかったことです」に直すこととなりますが、主語と述語が対応した①～③の文を「主語と述語が対応していない文」として選んだ児童が43・1％にのぼり、正答率を上回る結果となりました。

平成21年度中学校問題も平成30年度小学校問題も、ともに名詞述語文における主述の不照応を修正する問題ですが、述語に「ことです」を加えて名詞述語にすることができない児童・生徒が多く、この種の不具合の修正が小学6年生、中学3年生ともに課題となっていることがわかります。

3　修飾・被修飾の関係に関する文法力

修飾・被修飾の関係に関する問題は平成22・25・28年度に出題されています。平成25年度は典型的な文法問題ですが、平成22・28年度は作文の記述・推敲に関連付けた問題となっています。

平成22年度には、修飾語に合わせて述語を書き直す問題が出題されましたが、正答率は90・6％と高く、「相当数の生徒ができている」とされています(5)。

一　下書きを読み直した松本さんは、〰〰線部「そばで聞いていた友達から『うまくなったね。』と言いました」の部分の「友達から」と「言いました」との言葉の関係が不適切なことに気付きました。本文中の推敲の仕方にならって、「言いました」の部分を適切に書き直しなさい。

（平成22年度　全国学力・学習状況調査　中学校国語　A問題　大問4一）

問題文は「そばで聞いていた友達から」（または「友達から」）が修飾語となりますが、格助詞「が」ではなく「から」が用いられているため、述語は「言われました」と受動態にしなくてはなりません。全文書き直すのではなく、一文節で答えればよいため、生徒にとって解きやすい問題だったと考えられます。

一方、平成28年度には、文章の書き直しに関する問題が出題されましたが、こちらは正答率が51・1％に留まり、文の成分の照応を捉えることに課題があると指摘されました(6)。

五　次は、世界的に有名な「サグラダ・ファミリア」を紹介する文章【A】と、それを書き直した文章【B】です。書き直した意図として最も適切なものを、次の1から4までの中から一つ選びなさい。

【A】

「サグラダ・ファミリア」は、一八八二年からスペインで建設されている建築物です。私は、とても日本人が建設に大きく貢献していることを知って驚きました。

↓

【B】

「サグラダ・ファミリア」は、一八八二年からスペインで建設されている建築物です。私は、日本人が建設に大きく貢献していることを知ってとても驚きました。

1　主語と述語を近付けて、何がどうしたかを明確にしようとした。

2　並立の関係にある文節を近付けて、対等の関係にあることを明確にしようとした。
3　指示する言葉と指示される言葉を近付けて、何を指しているかを明確にしようとした。
4　修飾・被修飾の関係にある文節を近付けて、何を詳しく説明しているかを明確にしようとした。
（平成28年度　全国学力・学習状況調査　中学校国語　A問題　大問9五　一部省略）

【A】では修飾語「とても」と被修飾語「驚きました」が離れていますが、【B】では修飾語「とても」が被修飾語「驚きました」の直前に置かれ、「とても」がどの成分を詳しくしているのかわかりやすくなっています。解答は4となりますが、3と解答した生徒が28・6％とまとまって見られます。「とても」を修飾語ではなく指示語としており、文中における働きはもちろんのこと、品詞の判定も誤っています。「とても」が「驚きました」を修飾する（連用）修飾語であることが捉えられていないうえに、修飾語が被修飾語から離れるとわかりにくいということが捉えられていない生徒が一定数見受けられることがわかります。

なお、令和3年度小学校国語では、修飾語と被修飾語の関係を問う問題が出題されましたが、正答率は43・8％と低く、修飾と被修飾との関係を捉えることに課題があると指摘されました（7）。

次のオの文について、〰〰部「すぐに」はどの言葉をくわしくしていますか。適切なものを、あとの1から4までの中から一つ選んで、その番号を書きましょう。

オ　その他にも、遊び終わったらすぐに遊具をかたづけることがむずかしい場合もあるでしょう。

1　遊び終わったら　　2　遊具を　　3　かたづける　　4　むずかしい

「すぐに」が詳しくしている言葉は３「かたづける」ですが、１「遊び終わったら」と解答した児童が30・0％、２「遊具を」と解答した児童が18・6％となっており、これらを合計すると正答率を上回る結果となっています。「すぐに」が動詞「かたづける」を修飾する（連用）修飾語であることが捉えられていない児童が多いことがわかります。

平成28年度中学校問題も令和３年度小学校問題も、ともに修飾語の係り先を捉える問題ですが、修飾語の係り先を正しく捉え、修飾・被修飾の関係がよくわかるように文を修正することができない児童・生徒が多く、小学６年生、中学３年生ともに課題となっていることがわかります。

以上、主語・述語の関係、修飾・被修飾の関係に関する生徒（児童）の文法力を見てきましたが、生徒が課題とすることは明確で、学習指導を通して課題を解消することは可能に思われます。単に主語・述語の関係、修飾・被修飾の関係について理解を図るだけでなく、その理解に基づいて主述・修飾の不具合を修正して技能を育成するところまで、文法の学習指導において行っていきたいところです。

【注】

（１）国立教育政策研究所（２０１４）『平成26年度全国学力・学習状況調査報告書中学校国語』34～35頁
（２）国立教育政策研究所（２０１８）『平成30年度全国学力・学習状況調査報告書中学校国語』59～61頁
（３）国立教育政策研究所（２００９）『平成21年度全国学力・学習状況調査報告書中学校国語』167～169頁
（４）国立教育政策研究所（２０１８）『平成30年度全国学力・学習状況調査報告書小学校国語』37～39頁
（５）国立教育政策研究所（２０１０）『平成22年度全国学力・学習状況調査報告書中学校国語』112～113頁
（６）国立教育政策研究所（２０１６）『平成28年度全国学力・学習状況調査報告書中学校国語』58～59頁
（７）国立教育政策研究所（２０２１）『令和３年度全国学力・学習状況調査報告書小学校国語』53頁

4章

生徒の意欲が上がる文法指導のショートアイデア

1　言葉遊びで文の組み立てを学ぼう

文の組み立てについては、小学校段階でも主語・述語・修飾語について学んできていますが、中学校では、その他の文の成分も含めて体系的に学びます。「主語とは…」「補助の関係とは…」と用語や定義を教え込みに終始しないようにするためにも、言葉遊びを取り入れ、言語直観を利用しながら文の成分とその種類について理解を図っていく授業を提案します。

第1時　日本語の文の区切り方を考える

文の組み立てについて本格的に学習を行う前に、あいまいな文を用いた言葉遊びを行って、生徒に言葉の面白さを感じてもらい、学習に対する興味や関心を高めるとともに、文の成分とはどのようなものか理解を図っていくこととします(1)。

まず、複数の意味に解釈できるあいまいな文を提示し、どのような解釈が可能か考えさせ、その解釈を発表させます。

(1)　ぼくはしる。

A　僕は知る。　B　僕、走る。

C　僕は汁。（具と汁のどちらを入れて欲しいか聞かれて）　D　僕、ハシル。（「ハシル」は人名）

(2)　にわとりがいる。

A　鶏がいる。　B　二羽、鳥がいる。　C　鶏が要る。
D　庭！　鳥がいる。　E　庭盗りがいる。（「庭盗り」は庭を盗む泥棒のこと）
F　丹羽と李がいる。（「丹羽・李」は人名）

生徒の中には、他の生徒が思いつかないような解釈を出そうと、実に様々な解釈を考えてきます。その中には、(1)のC・Dや(2)のE・Fのようなものも出てきますが、（　）に示したような文脈や設定を付け加えれば、解釈として十分成り立ちます。文脈や設定を付け加えても無理な解釈は除くにしても、ここでは生徒が挙げた解釈はできるだけ認めるようにして、多くの解釈が出てくるようにしていきます。

次に、いくつかの解釈を取り上げ、どのような文の区切り方によるものか確認していきます。例えば、(1)・(2)のAとBの解釈は次のような区切り方に基づいています。

(3)　A　僕は知る。　↓　僕は／知る。　B　僕、走る。　↓　僕／走る。
(4)　A　鶏がいる。　↓　鶏が／いる。　B　二羽、鳥がいる。　↓　二羽／鳥が／いる。

このように示して、解釈の違いが文の区切り方に基づくことを説明していきます。そして、私たちは意識せずとも、日本語の文の区切り方、つまり「文法」に従って解釈しており、生徒から出された解釈もすべて文法に従ってなされていることを説明するとよいでしょう。

最後に、文の成分とはどのようなものか確認していきます。／（斜線）を入れて区切られた一つ一つのまとまりはそれぞれ文を組み立てる部品で、「文の成分」と呼ばれます。文の成分は文節と一致することもあれば、複数の文節がまとまって文の成分となっていることもあります。(1)や(2)のような単純な文では文の成分と文節は一致しますが、長くて複雑な文では文の成分と文節は一致しなくなってきます。文節を単位として文の成分を捉えるのではなく、「だれが」「どうする」などの意味役割から文の成分を捉えていくためにも、「5W1H」を例に挙げて疑問詞の形で文の成分を捉えていくことを理解させていきます。

①When…「いつ」 ②Where…「どこで」 ③Who…「だれ（何）が」
④What…「何を」 ⑤Why…「どうして」 ⑥How…「どのように」

これらに加えて、述語に相当する「どうする」「どんなだ」「何だ」を加えれば、実際の文から文の成分を切り出す指標ができてきます。そこで、先に区切りを入れた(3)・(4)の文に5W1H＋「どうする」「どんなだ」「何だ」のどれに当てはまるか考えさせ、先の文に書き込ませていきます。なお、(4)のBの「二羽」は5W1Hに含まれていないので、どのような疑問詞で表すことができるか生徒に考えさせるとよいでしょう。

(3) A 僕は《だれが》／知る。《どうする》 B 僕《だれが》／走る。《どうする》
(4) A 鶏が《何が》／いる。《どうする》 B 二羽《どのくらい》／鳥が《何が》／いる。《どうする》

私たちは普段無意識のうちに、文の成分に区切りながら文の内容を理解し、文の成分を組み合わせながら文を作っています。自分の考えを正しく伝えたり、文章の内容を正しく理解したりするためには、文の成分を意識して文の組み立てを考えていくことが大切になるということを、ぜひ生徒に実感してもらいたいものです。

第2時 格助詞を指標に主語・述語・修飾語を見分ける

主語・述語・修飾語について説明する前に、格助詞が文意の把握に役立つことを示し、文の組み立てを分析する際には格助詞に注目することが有効であることを生徒に実感させていきます。

まず、格助詞を取り除いたあいまいな文を与え、その文が表す内容を絵で表現させます。

(5) ウサギ　菜っぱ　食べる。
解釈A：主体が「ウサギ」で、対象が「菜っぱ」
解釈B：主体が「菜っぱ」で、対象が「ウサギ」

例文を聞いて、普通に思い描く図はAの解釈のほうでしょう。Bの解釈のような事態は現実にはあり得ないものですが、男子生徒の中にはいち早くBの解釈に気づき、その非現実性に面白味を感じて、Bの方の絵を描き始める生徒もいます。周りの生徒もそのような様子を見て、二通りの絵が描けることに気づき、描き始めるようになっていきます。

次の絵は実際に生徒が描いたものですが、解釈Cは「ウサギ菜っ葉」という、ウサギの形をした菜っ葉があるというもので、非常にユニークな解釈となっています。

ある程度時間が過ぎたところで、生徒の絵を提示しながら、A・B各解釈を確認していきます。その際、(5)

解釈A

解釈B

解釈C

のような文では、自分（話し手）の伝えたい事柄が相手（聞き手）に正しく伝わらない恐れがあることを指摘しながら、動作の〈主体〉が「ウサギ」、〈対象〉が「菜っぱ」という意味にするためには、⑸をどのように修正すればよいか生徒に考えさせてみます。すると、生徒たちはすぐに「ウサギ」の後に「が」や「は」、「菜っぱ」の後に「を」を入れればよいと答えてくれます。

⑹　ウサギ　菜っぱ　食べる。
　　　　が／は　　を

このように、格助詞は成分の意味役割（〈主体〉〈対象〉〈相手〉など）を明示し、文の表す内容を明確にする働きを持っています。格助詞を取り除いた文を分析してみることで、かえって格助詞の働きがよくわかってくるのです。

次に、格助詞を□で囲みながら成分を切り出し、主語・述語・修飾語に分けていきます。まずは格助詞を□で囲みます。

(7) 親鳥[が] えさ[を] 運ぶ。
(8) 夕日[が] とても 美しい。

そのうえで、述語によって格体制（格助詞の組み合わせ）が違ってくることに気づかせ、文の組み立てを考える際には、まず述語を見つけ、その述語が取る格体制を考え、その格助詞を指標に主語・修飾語に分けていけばよいと説明していきます。(7)・(8)であれば、

(9) 運ぶ［動詞］…―ガ、―ヲ（―ニ／ヘ）
(10) 美しい［形容詞］…―ガ

となります。（　）内の格助詞は、述語が取ると想定されるものの、実際には用いられていない格助詞です。文章や談話では、前後の文脈で自明な場合は、述語に必要な成分でも省略されます。格体制を取り入れたこの手法の適用範囲を広げるためにも、このことはしっかり補足しておきたいところです。

次に、各述語が取る格助詞の組み合わせを指標としながら文の成分を切り出し、主語・述語・修飾語に分類していきます。その際、疑問詞も併せて指標にしていくと、文の成分の意味役割や種類が捉えやすくなるとともに、格助詞を含まない文の成分を切り出し、意味役割や種類を捉えやすくなります。

（何が）	（何を）	（どうする）	
―ガ	―ヲ	［―ガ―ヲ］	
⑾　親鳥が	えさを	運ぶ。	
主語	修飾語	述語	

（何が）	（どれくらい）	（どうだ）	
―ガ		［―ガ］	
⑿　夕日が	とても	美しい。	
主語	修飾語	述語	

この手法を用いれば、各成分が長く複雑な文も、簡単に捉えることができます(2)。

―ガ	―ヲ	―ニ	［―ガ―ヲ―ニ］
⒀　山から吹く風が	花の香りを	私のもとに	運んだ。
主語	修飾語	修飾語	述語

最後に、以上の活動をまとめ、知識化して定着を図るために、教科書などで主語・述語の定義を確認しておくとよいでしょう。なお、修飾語の定義は第3時で確認します。

第3時　修飾語の多様性を知る・文の組み立てを分析する

第3時では修飾語と補語の違いに気づかせるとともに、例文に様々な修飾語を入れさせ、その多様性を理解させていきます。

学校文法における修飾語は、その働きから大きく二つに区別できます。例えば、次の⒁の「大根を」「いつも」「素早く」は、学校文法ではいずれも修飾語に分類されますが、「大根を」と「いつも」「素早く」では、意味役割も構文上の働きもかなり違っています。

⑭　母は　大根を　いつも　素早く　刻む。
　　主語　修飾語　修飾語　修飾語　述語

⑭の述語「刻む」は［―ガ（―デ）―ヲ］という格助詞の組み合わせを取るもので、［対象］を表す「―ヲ」の成分は「刻む」という動作を表すのに不可欠な要素です。一方、「いつも」や「素早く」などの副詞的修飾語は、あれば内容が一層限定され詳しくなりますが、「刻む」という動作を表すのに不可欠な要素とは言えません。このように、修飾語には述語に必須のものと任意のものとがあります。中学段階では必須か任意かを判断して区別する必要はありませんが、修飾語が大きく二種類に分けられることは意識させたほうがいいでしょう。

修飾語…
A　格助詞「を・に・へ」などが付いて、対象や相手や行き先などを表す部分
B　「どのように・どれくらい」などに当たり、様子や量などを表す部分

これを踏まえて、⑭の「大根を」と「いつも」「素早く」も述語にとって必須か任意かを判断して分類していきます。

⒂　母は　大根を　いつも　素早く　刻む。
主語　修飾語（A）　修飾語（B）　修飾語（B）　述語

もちろん述語にとって必須か任意かは完全に区別することはできません。時・場所などを表す成分の中には、述語に対する必要度の高いものと低いものとがあります。修飾語の二分はあくまで授業内の確認に留めるべきで、定期テストや入試問題などで出題することは控えなくてはなりません。

次に、修飾語の多様性を見ていきます。修飾語の多様性に気づかせるためには、単純な文に修飾語をいくつも入れさせるといいでしょう。例えば、「母は大根を刻む。」という文を与えて文中に入る修飾語を挙げさせていきます。

⒃　母は　大根を　いつも　楽しそうに　きれいに　とても　素早く　細かく　刻む。
主語　修飾語（A）　修飾語（B）　修飾語（B）　修飾語（B）　修飾語（B）　修飾語（B）　修飾語（B）　述語

「いつも」は〈頻度〉の面から、「楽しそうに」は〈感情〉の面から、「きれいに」は〈出来具合〉の面から、「素早く」は〈速さ〉の面から、「大きく」は〈大きさ〉の面から述語「刻む」の意味を詳しくしており、「とても」は〈程度〉の面から修飾語「素早く」の意味を詳しくしています。このように、修飾語は実に様々な面から他の成分の意味を詳しくしています。単純な文に可能な限り修飾語を入れることで、修飾語の多様性に気づかせることができます。

なお、現行の国語教科書では、状態の修飾語・程度の修飾語・呼応の修飾語の三種に修飾語を分類していますが、まずはこの手法を通して状態・程度の修飾語について理解させ、必要に応じて呼応の修飾語を取り上げるようにしていくとよいでしょう。

最後に、ここまでの学習の確認を兼ねて、文の組み立ての分析を行っていきます。分析は述語の格体制を指標にして行っていきますが、その際、次のような手順を意識させて行うとよいでしょう。従来の指導では、このように手順を示して行うことが少なかったのですが、生徒に手順を意識させることで、文の組み立てを見る目を養い、叙述に即した読みや正確な表現ができる力を養っていくことができるのです。

分析の手順

①文中から述語を見つける。
②述語が取る格体制（格助詞の組み合わせ）を考える。
③述語の格体制と文中の格助詞の対応を確認し、格助詞を切れ目にして成分を切り出す。
④どの格助詞を含むか、どのような疑問詞に当たるか考えながら、主語・修飾語に分ける。

【注】
（1）第1時の学習活動は安部朋世氏の実践を参考にしている。なお、例文も安部氏のものを使用している。安部朋世（2001）「授業「文法を考える」―「あいまいな文」と「文の不自然さ」の検討を中心に―」『日本語と日本文学』第33号、39〜52頁
（2）本書では、文節の単複に関わらず、文の成分に区切っているので、「―語」と「―部」に分けず、「―語」に統一する。

2 言葉の分類と品詞パズルを楽しもう

中学生にとって品詞は、国語だけでなく、英語でも学習しますが、国語と英語で異なる品詞が立てられていたり、同じ品詞名でも異なりが見られたりして、品詞の認定や分類の際に混同してしまう生徒が見られます。言葉の分類やパズルの作成を取り入れた授業を通して、国語の品詞とその分類を正しく理解させていきましょう。

第1時 品詞分類の基準を理解する

各品詞について学習を行う前に、学校文法における品詞分類とその基準について学んでいきます。教科書を参照しながら「自立語とは…」「活用とは…」などと教え込むのではなく、簡単な作業を通してそれらの理解を図っていきましょう。ここでは、光村図書の教科書に挙げられた作業課題を利用することにします(1)。

まず、各品詞の代表例をカードに示して、そのカードを組み合わせて短文を作成させていきます。光村図書版の教科書には次のような単語がカードの形で挙げられています。

美術館　海辺　自転車　りんご　弁当　私　絵　見る　行く　乗る　食べる　そして　おいしい
赤い　を　に　で　の　が　は　元気だ　静かだ　とても　ゆっくり　ます　たい　た　ああ　あの

文づくりの条件として、「同じ単語を何回使ってもよい」「必要ならば、単語の形を変えてもよい（例　行く＋

ます→行きます）」の二つが挙げられていますが、「主語を必ず含む」「文末は必ず述語で終わる」などの条件は挙げられていないため、主語や述語を省略した文でも、倒置がなされた文でもよいことになります。

(1) りんごは赤い。
(2) 私はあの美術館で絵を見ました。
(3) 自転車に乗りたい。
(4) 海辺に行って弁当を食べた。

次に、①〜③の分類基準に従って、文中における各単語の性質を考えていきます。これら三つは学校文法における品詞分類の基準となっているものです。

①文節の中での位置付け：単独で文節を作ることができる／他の単語の後に付いて文節を作る
②形の変化：後に付く語によって、形が変わる／形が変わらない
③文の成分：主語・述語・修飾語など、どのような文の成分になるか

(2)の文を①〜③に従って分析すると、次のようになります。

(2)　主語　修飾語　修飾語　修飾語　述語
私[は]／あの／美術館[で]／絵[を]／見[ま][し][た]。

①単独で文節を作ることができる：私・あの・美術館・絵・見る
他の単語について文節を作る：は・で・を・ます・た

②形が変わる：見る・ます
形が変わらない：私・あの・美術館・絵・は・で・を・た
③主語になる：私・美術館・絵
述語になる：見る
修飾語になる：あの

以上の作業を通して、品詞分類の基準について理解が図られれば、品詞分類表を用いて単語を分類することができます。初めから品詞分類表を用いて単語を分類していくこともできますが、先に品詞分類の基準をしっかりと理解しておくことで、単語の分類がしやすく、より正確に行えるようになります。

第2時　品詞分類表を用いて各品詞の性質を理解する

品詞分類の基準が理解できたところで、実際に品詞分類表を用いて言葉を分類しながら各品詞について学んでいきます。ここでは、十種類の品詞のうち、自立語に当たる八種類の品詞（動詞・形容詞・形容動詞・名詞・副詞・連体詞・接続詞・感動詞）に限って扱い、助動詞・助詞の二種類は付属語の学習において扱うこととします。

分類する単語は教科書に挙げられた語だけでなく、教師の方で追加していきたいものです。その際、学校文法の定義がよく表れた単語を用いるようにします。動詞は動きを表す単語、形容詞・形容動詞は状態を表す単語、名詞は普通名詞、副詞は状態副詞・程度副詞、感動詞は感嘆や応答を表す単語とし、連体詞は動詞・形容詞と似た語を外し、日常生活に現れにくい語を外すようにするとよいでしょう。

単語の分類ができたところで、教科書を参照しながら、品詞分類の基準を踏まえて、各品詞の性質と語例を確認していきます。副詞であれば、活用しない自立語で、主に（連用）修飾語となり、状態や程度を表す単語となり、「ゆっくり走る」の「ゆっくり」や「とても大きい」の「とても」などが語例として挙げられます。この際、呼応の副詞を含めて説明したり、程度の副詞が一部の体言や副詞を修飾することを説明したりすることもできますが、初学のうえに八種類の品詞が一度に扱われるため、生徒にとって負担が大きく、理解不足が生じやすくなります。各品詞の下位分類や例外も含めた細かい用法については、問題演習を行う際に、教科書や問題集の解説を用いて補足していくのがよいでしょう。

以上を踏まえて、次の表に、初学の段階で品詞分類表を参照しながら押さえたい事項を1行目、問題演習などの際に補足して理解を図りたい事項を2行目にまとめてみました。

1 **動詞**……活用する自立語で、述語となり、言い切りがウ段で、動作・存在を表す単語。
↓変化や状態を表す動詞もある。下位分類に他動詞・自動詞、補助動詞がある。

2 **形容詞**……活用する自立語で、述語となり、言い切りが「い」で、状態・性質を表す単語。
↓感情を表す形容詞もある。下位分類に補助形容詞がある。

3 **形容動詞**…活用する自立語で、述語となり、言い切りが「だ」、状態・性質を表す単語。
↓丁寧形の場合は言い切りが「です」になる。

4 **名詞**………活用しない自立語で、主語になれる単語。主に事物を表す。
↓下位分類に普通名詞・固有名詞・代名詞・数詞・形式名詞がある。

5 **副詞**………活用しない自立語で、主に連用修飾語となり、状態や程度を表す単語。

↓下位分類に状態・程度・呼応がある。体言や副詞を修飾することもある。

6　**連体詞**……活用しない自立語で、連体修飾語にしかならない単語。
↓「―の／が」型、「―る」型、「―な」型、「―た」型に分かれる。

7　**接続詞**……活用しない自立語で、接続語となり、文や語をつなぐ単語。
＊接続の種類は「接続する語句」の学習で扱う。

8　**感動詞**……活用しない自立語で、独立語となり、感動や応答を表す単語。
↓呼びかけ、挨拶を表すものもある。

初学の段階と問題演習の段階で指導事項を分けることで、初学段階の指導事項の多さを回避して生徒の負担を軽減することができるとともに、各品詞の下位分類や細かい用法も無理なく扱うことができます。

第3時　品詞パズルを作成して、品詞の理解を深める

各品詞について学んだところで、品詞の理解を深め、定着を図るために、「品詞パズル」の作成を行っていきます。品詞パズルとは広野（１９８２）に挙げられたことば遊びのことで、提示された題目から連想される単語を品詞別に挙げていくものです(2)。例として次のようなものが挙げられています。

名詞		動詞	形容詞	形容動詞
ねこ	こたつ	じゃれる	すばやい	敏しょうだ
くじゃく	羽	広げる	美しい	華麗だ

名詞、動詞、形容詞、形容動詞と品詞ごとに一語ずつ連想される単語を記入したものですが、さらに副詞を加え、連想される語を複数記入した、次のようなものも挙げられています。

	名詞	動詞	形容詞	形容動詞	副詞
うさぎ	耳 目	はねる おびえる	長い 赤い おとなしい 弱い 白い やさしい	敏感だ おくびょうだ	ぴょんぴょん きょろきょろ

活用のある語については言い切りの形で挙げることがポイントとなりますが、これらの例を示しながらパズルの作成方法を説明したうえで、生徒自身に題目を決めさせて品詞パズルを作成させてみるとよいでしょう。

また、広野（1989）には、「感動詞ぞろぞろ」と題して、感動詞を必ず文に含めながらシナリオのような形で作文を行うことば遊びが挙げられています(3)。次の作文は生徒の作成例です。

落とし物

「あら、落とし物だわ。だれのかしら。」（感動）
「おうい、それ僕のなんだ。」（呼びかけ）
「ああ、これ？　今ここで拾ったのよ。」（応答）
「いやぁ、途中で気がついて引き返してきたんだ。」（感動）
「そう、だからはあはあ言っているのね。」（応答）
「どうも、ありがとう。ああ、よかった！」（挨拶／感動）

各文に必ず感動詞が含まれ、対話を効果的に描いています。感動詞には「感動」「応答」「呼びかけ」「挨拶」の用法がありますが、それぞれの感動詞がどの用法に当たるか確認しながら行うとよいでしょう。

特定の品詞を含めながら作文を行うことば遊びは品詞の学習に適した遊びで、特定の品詞に絞って一年十二か月のそれぞれの月ごとに連想される単語を挙げながら作文することもできます。広野（1980）には、次のように副詞に絞って作成した例が挙げられています(4)。

〈K男の「副詞十二か月」〉

一月　（お年玉をもらって）うきうき　　二月　（入試が近づいて）じりじり
三月　（春の小川が）さらさら　　四月　（花の下で）のんびり
五月　（初夏の風が）そよそよ　　六月　（長雨が）しとしと
七月　（夏草が）ぼうぼう　　八月　（真夏の太陽が）ぎらぎら
九月　しみじみと（虫の音を）　　十月　もりもり（食べる）
十一月　寒々と（した晩秋）　　十二月　あたふたと（迎春の時期）

このような作業を行うことで、各品詞の性質を暗記して演習問題を解くという機械的な学習から、文法的機能を意識しながら単語を挙げていく主体的な学習へと転換することができます。文法知識の定着というと問題演習と考えがちですが、品詞パズルは品詞の定義を理解させる有効な手段といえましょう。

言葉を分類するという作業は、論理的手続きを踏まえて行われるものです。学校文法における品詞分類は、

「自立語か付属語か」「活用の有無」「文節の種類」「言い切りの形」と明確な分類基準を持っており、これらを踏まえて行えば、生徒であっても分類が可能です。基準に則って単語を分類し、言葉を整理する。こうした学習を通して、日本語の品詞体系について理解を深めるとともに、論理的に分類することを経験することができるのです。

さらに、学校文法に関して言えば、日本語と英語では品詞の数も種類も異なり、概念や定義も異なってきます。英語の品詞を理解するうえで日本語の品詞と対照させて理解することが有効となってきます。また、英語の初学者には日本語との文法面での相違に関する知識が英文作成に当たって有効です。このようなことから、国語科と英語科が連携して品詞指導を進めていくことが考えられるようになります。もちろん国語科の指導は日本語の品詞の理解を基本としますが、発展的な指導の形として日英比較の品詞の指導も考えられるでしょう。

【注】
（1）光村図書『国語1』（令和3年度版）215頁（「文法への扉3単語の性質を見つけよう」）
（2）広野昭甫（1982）『学習意欲を高めることば遊びの指導』教育出版、149～153頁
（3）広野昭甫（1989）『語彙を豊かにする　続・ことば遊びの指導』教育出版、83～87頁
（4）広野昭甫（1980）『教師のためのよくわかることばの指導』教育出版、151～155頁

3 表づくりや言葉遊びを通して動詞の活用を学ぼう

活用の授業といえば、高校入試の対策や高校古典の準備が意識されるがあまりに、「語幹とは…」「未然形とは…」「上一段活用とは…」などと用語と定義を教え込むものになりがちです。そこで、作業を通して活用に関わる気づきを形成し、その気づきを学習内容の理解に結び付けていく授業を提案します。

第1時 活用に興味を持ち、活用のまとめ方を考える

文法学習の導入時には、生徒が不思議に思ったり疑問に感じたりするような問題を提起することが望まれます。そのような疑問が学習への動機付けとなり、意欲を持って学習に取り組むことが期待されるからです。しかし、文法に通じた教師でない限り、身近な表現から学習内容に関わる問題を提起することは難しいものがあります。そこで、教科書のコラムを用いて、活用に関する生徒の興味や疑問を喚起していくこととします。

三省堂のコラムは外国人の活用に関わる誤用を取り上げ、自分たちが無意識に行っている活用に対して興味や疑問を持たせるものとなっています(1)。コラムで提示された疑問は次のようにまとめられます。

「食べる」は「食べます」「食べない」となるのに「落とす」はなぜ「落とします」「落としない」とならないのか、「話す」は「話さない」となるのに「借りる」はなぜ「借らない」とならないのか。

このような当たり前のことを疑問に感じてもらうことによって、活用のきまりについて知りたいという生徒

の学習意欲を喚起することができます。さらに、「日本語を学ぶ外国の人に活用のきまりを教えよう」などと目標を持たせて活用の学習に進んでいけば、学習に対する集中度が増すだけでなく、後にグループ学習を設けることも可能になってきます。

コラムを通して学習意欲の喚起が図られたところで、活用という現象について理解を図っていきます。まずは「話す」を取り上げ、生徒に様々な語を後に続けさせて、並べて示してみます。

㋑話さない　①話そう　②話します　③話せ　④話すこと　⑤話せば
⑥話して　⑦話した　⑧話すので　⑨話すぞ　⑩話し始める

次に、例に従って、これらの語句を三つに分け、語尾が変わっていることを確認します。

	語幹		活用語尾		
〔語例〕	〔変わらない部分〕		〔変わる部分〕		〔続く言葉〕
㋑話さない	＝ 話	＋	さ	＋	ない
①話そう	＝ 話	＋	そ	＋	う
②話します	＝ 話	＋	し	＋	ます

ここで、後に続く言葉や文中での働きによって語形が変わることを「活用」、形の変わる部分を「(活用)語尾」、変わらない部分を「語幹」ということを確認しておきます。これらの用語は活用の学習を進めるうえで

重要なため、この段階でしっかりと押さえておくようにします。

次に、「話す」の活用について理解を図るため、「話す」の活用はどのような表にまとめられるか生徒に考えさせます。とはいっても、一から表を作成するのは難しいため、次のように基本形と語幹は必ず含めるようにし、それに続けて表を作成することとします。

●「話す」の活用表のフォーマット

基本形	語幹
話す	話

まずは生徒個人で考えさせ、そのうえでグループに分かれて、協力して表を作成していきます。生徒たちは様々な表を考えてくれますが、続く言葉が違うごとに活用形を立てたもの、続く言葉の品詞ごとに活用形を立てたもの、語尾の違いごとに活用形を立てたものの三種におおむねまとめられます。

●続く言葉の違いに着目した活用表

基本形	語幹	ない	う	ます	こと	ば	て	た	ので
話す	話	さ	そ	し	す	せ	し	し	す

※続く言葉の数だけ表は大きくなる。

●続く言葉の品詞に着目した活用表

基本形	語幹	名詞	動詞・形容詞	助動詞	助詞
話す	話	す	し	さ／し／す／そ	す／せ

●語尾の違いに着目した活用表（ア段から順番になるように）

基本形	語幹	i形	ii形	iii形	iv形	v形
話す	話	さ	し	す	せ	そ

授業ではこれら代表的なものを取り上げ、活用のまとめ方を確認するとともに、どれが最も簡潔にまとまっているか生徒に考えさせます。続く言葉の品詞に着目したものも簡潔にまとまっていますが、やはり語尾の違いに着目したものが最も簡潔です。非常に簡単な形ではありますが、各活用形の定義さえしっかりできれば、立派な活用表といえます。

ただ、これでは教科書に挙げられている活用表と違ったものになっています。そこで、この活用表と教科書の活用表を比較・対照して両者の違いを生徒に考えさせ、教科書の活用表の仕組みを見ていきます。活用形の名称、各活用形に含まれる語の数を始めとして様々な違いが挙げられますが、生徒の意見は学習シートに記入させておき、授業後に回収して生徒の意見の傾向を掴んでおいて次の授業に役立てるようにしていくとよいでしょう。

第2時　活用表の仕組み・各活用形の性質を理解し、「活用形アラカルト」を作成する

第1時では、生徒に活用表を作らせ、教科書の活用表と比べてどのような違いがあるかを考えさせましたが、第2時では、最初に生徒の活用表の代表的なものをいくつか取り上げ、生徒の意見を紹介しながら教科書の活用表との違いを確認していきます。

教科書の活用表は学校文法に基づいたものであり、そのまとめ方には他の文法論にはない特徴が存在します。

一つは語形が同じなのに違う活用形に分けられることもある点であり、もう一つは語形が違うのに同じ活用形になっていることもある点です。これらは古典語「死ぬ」「往ぬ」の活用の枠組みを用いて現代語の活用をまとめたことによるもので、現代語の特徴に基づいたものではありません。そのため、生徒の中には現代語の特徴を反映していない活用表をなぜ学ぶのか疑問を抱く者もいるかもしれません。

教科書の活用表を学ぶのは、他の文法論の活用表よりも簡潔で学びやすいこと、高校で古典を学習するうえで必要になってくること、連用と連体の二種の修飾語を理解するうえで必要になってくることなどが挙げられます。特に連体修飾語の働きを理解するうえで、終止形と連体形を見分けることは重要です。活用の定義からすれば、終止形と連体形を分ける必要はないのですが、文構成上の働きが大きく違っていることを重視して、二つの活用形に分けているのです。未然形に違う語形が同居していることも含めて、このようなことを教科書の活用表の特徴として説明し、活用表の仕組みを生徒に意識づけていくようにします。

次に各活用形の性質と名称について説明していきます。従来の指導では活用形の性質を命名の由来を挙げながら説明することが多く見られましたが、活用形の名称は当該の活用形に属するバリエーションを反映しているわけではありません。実際の指導では、未然形なら「ない・う（よう）に続く形」と説明することになりますが、その際には「書か（れる）」「書か（せる）」も未然形に当たるが、「書か（ない）」「書こ（う）」が未然形の代表であるため、まず覚えるべき二つの代表形を以て「未然形」と命名しているのだと説明するとよいでしょう。

各活用形の説明が終わったところで、理解を深め、定着を図るために、「活用形アラカルト」を作成していきます。活用形アラカルトは広野（１９８２）に挙げられた言葉遊びですが、特定の活用形のみを用いて標語を作るというもので、次のような例が挙げられています(2)。

〔未然形〕図書室では　しゃべらない／遊ばない／そして　汚さない／いためない
〔連用形〕釣り　浮きが沈んだ／糸が張った…さおをあげた／魚が釣れた
〔終止形〕地震が起きたら　火を消す。／気持ちを落ちつける。／戸を開ける。…
〔連体形〕ぼくの努力目標　早く寝ること／早く起きること／毎晩歯を磨くこと…
〔仮定形〕よく勉強すれば／部屋をきれいにすれば／気持ちよくおつかいに行けば…
〔命令形〕わが家の朝　早く起きろ。／すばやく洗え。…／さっさと行け。

こうした活動を行うことで、特定の活用形に意識を集中させることができ、各活用形の理解が深まっていきます。各活用形の特徴が生徒の頭に残っていけば、後の問題演習へもスムーズに移行できるでしょう。

第3時　上下一段活用について理解し、「活用形フルコース」を作成する

教科書の活用表は仮名書きで表記されますが、一段動詞の活用は仮名書きでは語幹と語尾をうまく認定できないため、特に一段動詞については、ローマ字を用いて活用表を作成することが必要になってきます。第3時は、ローマ字を用いて五段活用・上下一段活用の活用表を作成していきます。

作成する活用表は教科書に挙げられたものを用い、語幹・語尾をローマ字で記入させていきます。ここでは語幹の決め方や活用表の埋め方などの指示を与えず、自由に記入させます。そうすると、生徒の中には次のように一段活用の未然形と連用形を空欄にしている者も出てくるでしょう。

動詞	語幹	未然形	連用形	終止形	連体形	仮定形	命令形
miru	mi	-	-	ru	ru	re	ro
mageru	mage	-	-	-	ru	re	ro
後に続く言葉		nai/u(you)	masu/ta	。	koto	ba	。

活用の定義に従って作成すれば、このようになるのは自然のことですが、これでは高校入試や古典学習との連携が図れなくなってしまいます。そこで、教科書の説明などを参考にしながら、未然形・連用形を空欄にしないように、次のように活用表を修正します。

動詞	語幹	未然形	連用形	終止形	連体形	仮定形	命令形
miru	m	i	i	iru	iru	ire	iro
mageru	mag	e	e	e	eru	ere	ero
後に続く言葉		nai/u(you)	masu/ta	。	koto	ba	。

こうすれば、活用の定義に反する面はありますが、上下一段活用も語幹と語尾を正確に認定できるようになります。上一段活用と下一段活用で活用の仕方が非常に似ていることもわかります。ただ、ローマ字で表記すれば解決というわけでもありません。高校入試や古典学習との連携を図るならば、結局は仮名書き活用表で理解させなくてはなりません。そこで、妥協案として、先にローマ字書き活用表を作成し、それと仮名書き活用表を対照させ、一段動詞の語幹と語尾について注意点を説明することとします。なお、教科書には次のように二種の活用表が併記されているのが望ましいでしょう。

動詞	語幹	未然形	連用形	終止形	連体形	仮定形	命令形
hanasu	hanas	a/o	i	u	u	e	e
話す	はな	さ／そ	し	す	す	せ	せ
五段活用		-a/-o	-i	-u	-u	-e	-e
miru	m	i	i	iru	iru	ire	iro
見る	（み）	み	み	みる	みる	みれ	みろ
上一段活用		-i	-i	-iru	-iru	-ire	-iro
後に続く言葉		nai/u(you) ナイ・ウ(ヨウ)	masu/ta マス・タ	。 句点	Koto コト	Ba バ	。 句点

次に、各種動詞の活用の仕方を理解し定着を図るため、「活用形フルコース」を作成していきます。活用形フルコースとは特定の動詞の各活用形を盛り込んで短作文を作るもので、広野（1982）には次のような例が挙げられています(3)。

父はタバコを吸う《終止》。仕事が一段落したときに吸う《連体》ことが多い。祖父はお酒をたしなむが、タバコは吸わ《未然》ない。高校生の兄はタバコは吸い《連用》たいのだが、吸え《仮定》ば父に叱られるのでがまんしている。一度吸お《未然》うとしているところを見つかって、こっぴどく叱られたことがある。だから、友だちに吸え《命令》と言われても、吸っ《連用》

たことはない。

特定の動詞を各活用形にすることで、各種動詞の活用の仕方が生徒の頭に残っていき、問題集を用いた演習も抵抗なく取り組めるようになります。

なお、変格活用、形容詞・形容動詞の活用は教科書を参考にしながら活用表を作ることを通して学び、ある程度慣れてきたら活用の仕方を覚えさせていくようにするとよいでしょう。

【注】

（1）三省堂『現代の国語2』（平成14年度版）86～87頁（文法の窓1「ハンカチ、落としない？」）

（2）広野昭甫（1982）『学習意欲を高めることば遊びの指導』教育出版、161～167頁

（3）広野（1982）167～171頁

4　比較と置き換えで助動詞を学ぼう

高校入試でも出題率の高い助動詞ですが、十二種類にわたる助動詞とその意味をすべて扱おうとすると、教師主導の教え込み指導になりがちです。そこで、初学の段階ではすべての助動詞を扱うのではなく、助動詞の性質を知るのに適した語を取り上げることとし、例文の比較や助動詞の置き換えを通して、助動詞の働きや意味の見分け方を学んでいくこととします。

第1時　助動詞の働きを知る

個別の助動詞を取り上げて、その意味と見分け方を学んでいく前に、助動詞とはどのような単語なのか見ていきます。助動詞が付くことで、文の意味がどのように変わるのか、助動詞の働きを見ていきましょう。ここでは、教育出版の教材を参考とします(1)。

まずは、「彼はその話を断る。」の「断る」に助動詞「た」「ない」「そうだ」を付けて、元の文と比べてどのように意味が変わるのか考えさせていきます。

○彼はその話を断る。

①彼はその話を断った。　②彼はその話を断らない。

③彼はその話を断るそうだ。　④彼はその話を断りそうだ。

①は、助動詞「た」が付くことで、「（その話を）断る」という動作が過去に起こったことを表し、②は、助動詞「ない」が付くことで、「（その話を）断る」という動作を打ち消していることを表しています。また、③は、助動詞「そうだ」が付いて「断るそうだ」となると、「（その話を）断る」ことを伝え聞いたことを表し、④は、助動詞「そうだ」が付いて「断りそうだ」となると、何らかの根拠に基づいて「（その話を）断る」と推し量ることを表しています。

このように、助動詞が付くことで、過去や打消、伝聞や推定など、時や肯否、話し手の判断が明確に示され、元の文と比べて文の意味が異なってきます。助動詞が付く形と付かない形とを比較することで、用言などに付いて、意味を付け加えたり、話し手の判断を表したりする助動詞の働きをしっかりと理解させることができます。

ただ、ここで注意したいのは、助動詞が付かなければ文法的な意味を表さないというわけではないということです。例文の「断る」であれば、「断った」と対立して非過去（現在・未来）を表し、「断らない」と対立して肯定を表し、「断るそうだ」「断りそうだ」と対立して述べ立ての意味を表します。助動詞が付く形と付かない形とを比較することで、述語が表す意味を正確に捉えることができるのです。

とはいえ、実際の授業では助動詞の性質や働きが学習指導の中心となるため、助動詞が付かない形を取り上げなくてはならないというわけではありません。助動詞の働きを学習する中で、助動詞の付かない形が問題となった場合に取り上げるようにすればよいでしょう。

助動詞の働きが確認できたところで、次に助動詞の組み合わせ方（相互承接）について見ていきます。「もっと食べる。」の「食べる」に助動詞を複数続けてみると、どのような文になり、どのような意味を表すか考えさせてみます。

○もっと食べる。
↓食べる（られる＋そうだ＋た）　＝　もっと食べられそうだった。

可能を表す「られる」、推定を表す「そうだ」、過去を表す「た」を順番に続けると、「食べられそうだった」となり、〝食べることが可能だと（話し手が）推し量った〟という意味になります。このように、助動詞は組み合わせて用いられることがあり、その組み合わせは一定の順序に従っています。いくつかの助動詞を提示し、どのような順序で組み合わせられるのか考えさせてみるとよいでしょう。

最後に、教科書の助動詞一覧表などを参照しながら、助動詞にどのような語があり、それぞれどのような意味を表すか、ざっと確認しておきます。ここでは、個々の助動詞の意味や用法について説明は行わず、例えば、「れる・られる」「せる・させる」「う・よう」は直前の用言（一部の助動詞を含む）の活用によって決まるということや、「ようだ・ようです」「そうだ・そうです」「た・です」は普通体か丁寧体かによって決まるということなどを補足しておきます。

第2時　語形や文型との関連から多義の助動詞の意味を捉える

助動詞の働きについて理解が図られたところで、助動詞の特徴でもある多義の助動詞の意味とその見分け方を見ていきます。

まずは、次の三省堂のコラム教材(2)を読ませたうえで、二つの文の「投げられた」の意味を考えさせていきます。

のぞむ　ところでひかるさん、今日、うちの学校の試合、見に行った？　洋一君はうまく投げられたかな？

ひかる　陽一君？　ああ、陽一君は残念だけど、投げられちゃったの。

のぞむ　えっ、「投げられた」って、洋一くんが「投げた」んじゃないの？

ひかる　ううん。投げられたの。途中まで優勢だったんだけど、最後に無理な攻撃に出たら、バランス崩して……。

のぞむ　ねえ、ちょっと。ひかるさん、いったいなんの試合を見に行ったの？

ひかる　えっ、のぞむ君こそ、いったいなんの話をしていたの？

(1) 先発の洋一は試合でうまく投げられた。
(2) 先鋒の陽一は敵の先鋒に投げられた。

コラムの内容を踏まえながら、文の主語に注意して、何の競技の文なのか、(1)の「洋一」、(2)の「陽一」はそれぞれどうした、どうなったのかを、別の言葉を用いたり言葉を補ったりして説明させます。ここでは〈受身〉〈可能〉などの文法用語はできるだけ使わないようにし、生徒の考えはノートや学習プリントに書かせたうえで発表させます。

(1)は野球の話で、ピッチャーの洋一がうまく投げることができたことを表す。
(2)は柔道の話で、陽一が相手に投げ技を決められたことを表す。

このように、同じ「投げられた」でも文に描かれる内容によって意味が異なっており、「投げられた」に含まれる助動詞「られる」の意味も異なっています。この「られる」のように多義の助動詞については、語句や文型との対応を確認しながら意味の見分け方を見ていくようにします。

そこで次に、助動詞「れる・られる」にはどのような意味があり、どのように使い分けられているのか見ていきます。まずは教科書を参照して、「れる・られる」が次のような意味を表すことを確認します。

①**受身**：他から動作を受けることを表す
②**尊敬**：動作主への敬意を表す
③**可能**：それができることを表す
④**自発**：自然とそうなることを表す

次に、各文の「れる・られる」（ここは「られる」）が［受身］［尊敬］［可能］［自発］のどの意味にあたり、それはどのような語句や語形から判断できるのか考えさせていきます。

ア　彼の功績が世間の人々に認められた。
イ　式典で来賓の方が祝辞を述べられた。
ウ　晴れたので、遠くの島まで眺められた。
エ　鳴く虫の音に秋の気配が感じられた。

アは［受身］の意味で、動作を及ぼす人（「世間の人々」）が修飾語となり、格助詞「に」を伴って表されています。イは［尊敬］の意味で、目上の人（「来賓の方」）が主語となり、格助詞「が」を伴って表されています。ウは、［可能］の意味で、「られる」を「することができる」に置き換えて「眺めることができた」とすることができます。エは［自発］の意味で、心情を表す「感じる」の後に続いています。

このように、文中の語句に着目したり他の語句に置き換えたりすることで、多義の助動詞の意味を見分けることができます。問題集や参考書には解答テクニックとして挙げられていることですが、授業では語句や文型に着目して例文を比較・分析することで、助動詞の使い分けに気づかせていきたいものです。

第3時　助動詞相当の複合辞を取り上げて、同カテゴリーの助動詞の意味を捉える

多義の助動詞に続いて、同カテゴリーの助動詞についても見ていきます。ここでは、教育出版の教材を参考にして、複合辞も含めて推量・推定の助動詞の意味について考えます(3)。

まずは、次の三つの文を比較して、話し手（書き手）の判断の仕方について考えます。

(1) 彼の家はお金持ちだ。
(2) 彼の家はお金持ちだろう。
(3) 彼の家はお金持ちらしい。

(1)は文末に「だ」を用いて、話し手（書き手）がはっきりと言い切っていることを表しています。これに対して、(2)は文末に「だろう」を用いて、話し手（書き手）が確かかどうかわからない（不確実）と捉えていることを表しています。また、(3)は文末に「らしい」を用いて、話し手（書き手）がなんらかの情報に基づいて推し量っていることを表しています。

なお、(1)の「だ」は〈断定〉の助動詞とされるのに対して、(2)の「だろう」と(3)の「らしい」は〈推量・推定〉の助動詞とされます。〈推量〉と〈推定〉はよく似ていますが、〈推定〉はなんらかの根拠に基づいている点が単なる〈推量〉と異なる点です。教科書にも用いられる文法用語だけに、補足しておくとよいでしょう。

ところで、(2)の「だろう」はひとまとまりの助動詞と見ることができますが、助動詞「だ」の未然形「だろ」に助動詞「う」が付いた語句とする見方もあります。この場合、「だろう」は複数の語が組み合わさって助動詞にあたる働きをする語句（複合辞）と捉えることになりますが、推量を表す複合辞には「にちがいない」「かもしれない」もあります。そこで次に「だろう」と合わせてこれらの複合辞を比較して、話し手（書き手）の判断、特に確信の度合いを比べてみます。話し手（書き手）の確信度が高いもの、低いものはどれでしょうか。

(4) 彼の家はお金持ちだろう。
(5) 彼の家はお金持ちかもしれない。
(6) 彼の家はお金持ちにちがいない。

これら三つの文の中で、話し手（書き手）の確信度が最も高いのは「にちがいない」を用いた(6)の文で、確信度が最も低いのは「かもしれない」を用いた(5)の文となります。確信の度合いから並べると、「かもしれない」＜「だろう」＜「にちがいない」となりますが、こうして並べてみると、私たちの判断の仕方がよくわかって面白いものです。

このように、文末にどのような語（語句）を用いるかによって、話し手（書き手）の判断が違ってきます。話し手（書き手）の判断を捉えるためにも、文の内容をより的確に表現するためにも、話す・聞く・書く・読む際には文末表現に注意することが大事だと感じ取らせることができればよいでしょう。

最後に、例文を参照しながら、助動詞相当の複合辞とその意味を見ておくようにします。ただ、教科書はもちろん参考書も含めて、助動詞・助詞相当の複合辞の一覧が掲載されたものは見当たりません。代替として先に挙げた東京書籍の教材を用いるのがよいかと思われますが、中学生向けに例文を挙げながら代表的な複合辞を挙げた複合辞一覧が用意されることが望まれるところです。

【注】
（1）教育出版『伝え合う言葉中学国語2』（令和3年度版）301頁（文法3付属語のいろいろ）
（2）三省堂『現代の国語3』（平成18年度版）32頁（文法の窓①投げられたのは、だれ？（助詞・助動詞））
（3）教育出版『伝え合う言葉中学国語3』（令和3年度版）287～289頁（文法2助動詞のはたらき）

5章

文法に着目し、文法を活かす3領域×文法指導アイデア

1 文末の音声化について考え、文法をテーマに話し合おう

話すこと・聞くこと

1 終助詞のイントネーションに気を付けて音声化する

中学校学習指導要領「言葉の特徴や使い方に関する事項」の指導事項に「音声の働きや仕組みについて、理解を深めること」（第一学年ア）があります。学習指導要領解説では、伝達機能を中心とした音声の働きや音節の基本的な構造について理解を促すこと、アクセント、イントネーション、プロミネンスなどの働きと話す・聞くの活動に与える影響について理解することを挙げています(1)。国語教科書の多くはこれらの事項を言語事項教材（言語小単元）または「話すこと・聞くこと」の教材・学習指導の中で扱っていますが、言語事項教材は1年次に置かれるのみで、学習内容や学年段階に即した形ではなく、日本語音声の簡単な概説に留まるものもあります。

また、中学校学習指導要領には、小学校とは違って、「話すこと・聞くこと」の指導事項の中に発声・発音に関わる事項が示されていませんが、自分の考えをわかりやすく相手に伝えるためにも、中学校においても発声・発音に注意を向ける必要があります。発声・発音に関わる事項のうち、文法が関わるものとしてイントネーションが挙げられます。「読むこと」、特に文学的文章の音読・朗読での活用も考えて、ここでは終助詞のイントネーションの音声化を取り上げ、音声との関連付けを図った文法の学習指導を提案することにします。

文末のイントネーションと文法の関わりについては、光村図書の文法教材で以前に取り上げられていま

す⑵。「明日はバスケットの試合だね。」という発話に対して「行く。」と答える際に、声の調子を変えるとどのように意味が違ってくるか考えさせたうえで、平板な調子で言うと、「行きたい」という意思を表し、終わりを上げて言うと、行くかどうか尋ねる意味になると説明しています。文末のイントネーションが話し手の意思や意図を表すことを取り上げた教材ですが、上記の例のほかにも文末に終助詞を伴った例を取り上げて、イントネーションから話し手の意思や意図を考えることができます。

例えば、「勉強したの。」という発話であれば、勉強したかを相手に尋ねる場合は、終わりが緩やかに上がる形の発音となり、問いかけを表します。一方、勉強したことを相手に強調して伝える場合は、終わりが強く上がる形の発音となり、強い主張を表します。

(1) 勉強したの⤴（問いかけ）
(2) 勉強したの↑（強い主張）

また、「見えないよ。」という発話であれば、相手へ親近感を示しながら見えないことを伝える場合、終わりが緩やかに上がる形の発音となり、親愛感情を表します。一方、見えないことを相手に甘えたように伝える場合、終わりがいったん上がって下がる形となり、同情の訴求を表します。仮名や長音符を加えて示すと、「見えないよう。」「見えないよー。」となります。

(3) 見えないよ⤴（親愛感情）
(4) 見えないよ⇅（同情の訴求）

このように、文末イントネーションの形を見ることで、終助詞が表す意味が特定され、話し手の意思や意図も明確になります。授業では、「の」「よ」の他に「ね」も取り上げて、場面・発話を設定し、実際に音声化してみることで、音声と文法の関わりが実感されるといいでしょう。学習指導の機会は中学2年または3年で「助詞」を扱う際となりますが、格助詞・接続助詞・副助詞・終助詞と助詞の種類と働きについて学んだうえで、「話すこと・聞くこと」に関連する事項として取り上げることが考えられます。ペアまたはグループで実際に声に出しながら、終助詞の表す意味を考えることで、普段の会話や文学教材の音読に活かせる気づきが形成されるものと期待できます。

2 「ら抜き言葉」をテーマとして話し合い活動を行う

音声と関わらせて文法を学ぶことのほかに、文法を題材として音声言語活動を行うことで「話すこと・聞くこと」と文法を関わらせて学ぶこともできます。

文法事項をテーマとした音声言語活動の例として、「ら抜き言葉」をテーマとしたプレゼンテーションやパネルディスカッションが挙げられます。ここでは米田（1997）の実践に倣って、ら抜き言葉をテーマとした音声言語指導を提案することとします(3)。

学習指導においては、生徒が様々な観点からら抜き言葉について考え、意見を形成できるように、学習資料を用いたり調べ学習を行ったりしてら抜き言葉について理解を深め、アンケートを実施してら抜き言葉の実態を把握していく形を採ります。

ら抜き言葉については、五段動詞の可能形（可能動詞）と同じく「言葉の変化」として肯定的に見る立場もありますが、正用の語形から「ら」が脱落した「言葉の乱れ」として否定的に見る立場もあります。また、話し言葉では許容されやすい傾向にありますが、書き言葉では許容されない傾向にあるなど、ら抜き言葉に対する認識・考え方は様々です。

また、若者の発話だけでなく、高齢者の発話にも見られること、私的な発話・文章によく使用され、公的な発話・文章では使用しないようにされること、音節数の少ない一段動詞ではら抜きが一般的であるが、音節数の多い一段動詞ではら抜きがなされないこともあることなど、その使用には一定の傾向が見られます。

学習資料や調べ学習を通してら抜き言葉について理解を深め、アンケートを実施して使用の実態が把握できたら、それらを基にら抜き言葉について自分の考えを形成し、それらをまとめて発表（プレゼンテーション）を行ったり、話し合い（意見交換、ディベート、パネルディスカッション）を行ったりしていきます。

その際、グループに分かれて調査・考察を進め、その結果を発表し、お互いに学び合うこともできますが、生徒間であっても、ら抜き言葉に対する認識・考え方はまちまちであるだけに、話し合い活動を行っていきたいところです。米田（1997）は、ディベートや単なる話し合いではなく、パネルディスカッションを選択していますが、その理由として次のことを挙げています。

> 今回の話題「ら抜きことば」は、その使用をめぐって微妙な違いを持つ数種以上の意見があり、ディベートのように、対立する二つの意見だけでは解決しきれない問題である。また、問題の完全解決よりも他の意見やその根拠を聞いて自分の考えを広げることも、この話題の場合、大切なこととなる(4)。

ら抜き言葉の使用は是か非かと二分するのではなく、使用の実態を踏まえてどのようにら抜き言葉と付き合っていくのか、自分の考えを形成していけるようにしたいものです。

学習指導の機会は中学2年または3年で「助動詞」を扱った後となりますが、「れる・られる」の意味・用法について学んだことを踏まえて行えるとよいでしょう。ら抜き言葉使用の実態を押さえたうえで、生徒が自分自身の言語使用を振り返りながら、ら抜き言葉の使用について考えることで、言葉に対する認識を深め、言語感覚を磨く一助になると期待できます。

以上、音声と関連付けを図った文法の学習指導と文法をテーマとした話し合いの学習指導について見てきました。「話すこと・聞くこと」の学習指導に文法を関わらせるといっても、中学校で学ぶ文法事項から離れてしまっては、文法の学びとなりません。ここで提案した二つの学習指導は、実際に音声化をして音声と文法の関わりを学び、調査と話し合い活動を通して文法への理解を深めるもので、いずれも文法の学びを深めるものになっていると考えています。

【注】
（1）文部科学省『中学校学習指導要領解説国語編』（平成29年）40頁
（2）光村図書『国語3』（平成14年度版）220～221頁
（3）米田猛（1997）「［パネル・ディスカッション］「ら抜き言葉」を考える」（奈良県国語教育研究協議会編『音声言語授業の年間指導計画と展開　中学校編』明治図書、225頁）

2 読むこと 文法的に表現を分析し、内容・形式の両面で読みを深めよう

1 文学的文章の読みを深める文法の扱い

文学的文章の読みに文法を役立てようという発想・試みは古くからありますが、時として文法指導のために文学的文章を利用するといったものも見られました。文学的文章に見られる文法事項を取り上げるにしても、それがより確かな、より豊かな読みに結び付き、作品の読みの核心に迫るものでなくてはなりません。作品の読みを深めるものにならないのであれば、「読むこと」の指導の中で取り上げるのではなく、文法指導の中で実際の文章における用例や使われ方として取り上げるべきものと考えます。

では、作品の読みを深める文法の扱いとはどのようなものでしょうか。ここでは高校の小説教材ですが、いくつか取り上げ、その例を見ていくことにします。

(1)「羅生門」(芥川龍之介・高1)

「羅生門」は「下人」と「老婆」を対比的に読んでいくと、読みが一層深められる作品です。初読の段階で生徒に感想を書かせてみると、「老婆」の異様性や「下人」の心情変化について述べる生徒が多く見られます。そこで、授業では下人と老婆に関わる修飾表現に着目させ、二人の人物像を捉えていきます。

(1) 右の頬にできた、大きなにきびを気にしながら、ぼんやり、雨の降るのを眺めていた。
(2) 短いひげの中に、赤くうみを持ったにきびのある頬である。
(3) 右の手では、赤く頬にうみを持った大きなにきびを気にしながら、聞いているのである。
(4) 檜皮色の着物を着た、背の低い、痩せた、白髪頭の、猿のような老婆である。
(5) ちょうど、鶏の脚のような、骨と皮ばかりの腕である。
(6) まぶたの赤くなった、肉食鳥のような、鋭い目で見たのである。
(7) 蟇のつぶやくような声で、口ごもりながら、こんなことを言った。

下人に関する描写を見ていくと、「にきび」が象徴的に用いられていることがわかります。その「にきび」に関する修飾表現を見ていくと、「赤くうみを持った」「大きな」と繰り返し表現されています。「にきび」は若者の象徴と言われますが、若者がゆえの未熟さ・不安定さを表しているともいえるでしょう。その「にきび」も「赤くうみを持った」「大きな」と限定が付されて、より一層若者らしさが感じられるとともに、そんな「にきび」を「気にしながら」という描写を場面の状況と重ね合わせて読むと、この先の身の振り方を決めかねる下人の優柔不断さや老婆の論理をあっさり受け入れる下人の短絡さが読み取れます。

一方、老婆に関しては、「猿のような」「肉食鳥のような」「蟇のような」など生物に喩えた修飾表現が用いられ、老婆の姿の動物性や醜悪さが捉えられます。こうした老婆の印象を以て老婆の弁明を読むと、自分勝手な論理で悪事を働く老婆の非人間性が捉えられます。なお、下人についても、楼上の老婆の様子を窺い、近づく場面では「猫のように身を縮めて」や「やもりのように足音を盗んで」と生物に喩えた修飾表現がありますが、楼上で老婆と対面してからは見られなくなります。

このように修飾表現に着目することで、下人と老婆の人物像や心境が捉えられるだけでなく、老婆の行為に憎悪を抱いていた下人が老婆の論理を受け入れて悪事を働く、そうした下人の心理変化の要因を捉えることもできます。「にきび」という語や下人と老婆に関する比喩表現に着目する実践は数多くありますが、修飾表現と範囲を広げることで、さらに読みの核心に迫ることができます。

なお、中学教材で修飾表現に着目することで読みの核心に迫れるものといえば、向田邦子の「字のない葉書」が挙げられます。疎開先から帰って来た末の妹を迎える父親の描写に、「はだしで表へ飛び出した」「やせた妹の肩を抱き、声をあげて泣いた」とありますが、「はだしで（飛び出した）」「声をあげて（泣いた）」という修飾表現から末の妹に対する父親の心情を読み取ることができます。また、前半部に描かれた実際の父親の姿、手紙の文面からうかがえる父親の姿と重ね合わせることで、父親の人物像を重層的に捉えることもできます。

（2）「城の崎にて」（志賀直哉・高1）

「城の崎にて」は列車にはねられ怪我を負った「自分」が目撃した三つの小動物の死から、自身の生と死を考える姿を描いた作品です。授業を終えて生徒に感想を書かせてみると、作品を受けて生死についての自分の考えを書いた感想が見られるようになります。そこで、改めていもりの死の場面に戻り、次の一節に注目して、なぜ「もう動かなかった」ではなく、「もう動かない」となっているのか考えさせてみました。

(8)　いもりは力なく前へのめってしまった。尾は全く石に付いた。もう動かない。いもりは死んでしまった。

「もう動かなかった」と助動詞「た」が付いた形（タ形・過去形）ではなく、「もう動かない」と助動詞が付かない形（ル形・非過去形）になっていることで、「自分」が投げた石によって、眼前のいもりが現在だけでなく、これから先も「（決して）動かない」のだという「自分」の強い認識を読み取ることができます。この一節の後には、「生と死は両極ではなく、共に偶然に支配されている」といった「自分」の思いが述べられています。(8)における認識がそのような思いを導いたという読みを形成することができます。

このように、文末表現に着目することで、イモリの姿に対する「自分」の認識が捉えられるだけでなく、人間の生死に対する「自分」の認識も捉えることができます。

以上、二つの作品を例にとって文学的文章の学習指導における文法の扱いを見てきましたが、修飾表現や文末表現に着目することで、作品中の人物の姿や行為・意識などを詳細・厳密に捉えることができ、作品の核心に迫る深い読みが可能となってくるのです。

2 説明的文章の内容と形式を捉える文法の扱い

説明的文章の読みというと、段落の要点を捉えたり、筆者の主張を捉えたりと、内容面の読み取りが重視されます。文章の内容、特に要旨を捉えることはもちろん重要ですが、文章の形式、特に文章構成や展開を捉えて、それを内容の読み取りに役立てられれば、その読みは確かなものとなっていきます。平成29・30年学習指導要領では「情報の扱い方に関する事項」が新設され、文章中の情報と情報の関係を捉えることで、正確な理解につなげることが求められています。また、「読むこと」の指導事項には論理の展開の仕方を捉えたり評価したりすることも挙げられています。文章中の語句に着目して、情報と情報の関係や筆者の説明の仕方を捉え、それを文章内容や要旨の把握につなげるにはどのようにすればよいでしょうか。ここでは、中学説明文を一つ取り上げ、その扱いを見ていくこととします。

●「ダイコンは大きな根？」（稲垣栄洋、中1）

説明的文章における論じ方の一つに「問いと答え」があります。「問い」とは、文章を書き進めるために筆者が書こうとする内容を疑問の形で提示した文のことです。一方、「答え」とは、問いに対応する内容をまとめた文や段落のことです。文章によっては、いくつかの問いを初めに提示して、一つ一つの問いに答えながら文章を展開したり、大きな問いを初めに提示したうえで、問いと答えを繰り返して文章を展開したりします。「問いと答え」の関係から展開される説明的文章は、読みやすく、わかりやすいだけに、小・中学校ともに説明文教材によく見られます。例としてここでは、稲垣栄洋の「ダイコンは大きな根？」（光村図書『国語1』）を挙げることにします。

稲垣栄洋の「ダイコンは大きな根？」は、ダイコンの白い部分の組成と、器官によって味が違う理由とその活用について説明した文章です。10段落構成で、「初め」「中」「終わり」の三部に分けられます。「例示」や「比較」、「問いと答え」の関係を用いて文章が展開されていますが、本文中に問いが二つ提起されており、「問いと答え」の関係に着目すると、次のような構成となります。

初め：第1段落　**中①**：第2～4段落　**中②**：第5～9段落　**終わり**：第10段落

ここでは、ダイコンの白い部分はどの器官から成るのかを説明した中①（第2～4段落）を見ていくこととします。

> 2 それでは、私たちが普段食べているダイコンの白い部分はどの器官なのでしょうか。漢字で「大根」と…《中略》…単純ではありません。
>
> 3 その疑問に答えるために、…《中略》…細いひげのような側根があります。
>
> 4 これに対して、私たちが食べるダイコンをよく見てみると、…《中略》…主根が太ってできているのです。いっぽう、ダイコンの上のほうを見ると、…《中略》…胚軸が太ったものです。つまり、ダイコンの白い部分は、根と胚軸の二つの器官から成っているのです。
>
> （光村図書『国語1』42〜43頁、段落番号は筆者が付した）

中①では、第2段落で「ダイコンの白い部分はどの器官なのか」と問いが提起され、第4段落で「根と胚軸の二つの器官から成っている」とその答えが示されています。また、第3・4段落において、カイワレダイコンとダイコンの比較によって、ダイコンの下の部分が主根の太った部分で、上の部分が胚軸の太った部分であることが導き出されています。

授業では、問いを押さえたうえで、その答えと答えを導き出す筆者の説明を捉えていくのが一般的です。問い、答えの内容は本文に端的に示されているため、比較的容易に捉えることができます。また、教材にはカイワレダイコンとダイコンの器官の対応がわかる図が示されているため、本文と図を対照させることで、筆者の説明も捉えやすくなっています。そのため、問いと答え、その説明が捉えられれば、それで終わりとする授業も見られますが、わかりやすい文章だけに、筆者の説明の仕方や情報と情報の関係を本文の表現と対照させて捉えていきたいところです。

問いは第2段落の第1文目に挙げられていますが、接続詞の「それでは」を用いて第1段落の導入を受けつつ、文末に疑問形式「でしょうか」を用いることで示されています。また、第2段落で提起した問いに対する答えを導き出すために、カイワレダイコンと対比させながら説明する方針が示され、「これに対して」「いっぽう」を用いて、カイワレダイコンとダイコンの器官の対応が示されています。さらに、第4段落の最終文にて、換言の接続詞「つまり」と文末の「のです（のだ）」を用いて問いに対する答えが示されています。

こうして見ると、筆者は第2段落で提起した問いに対して、第3・4段落にて比較を用いて説明を行い、その要点を言い換える形で答えを示すといった説明の仕方を用いて文章を展開していることがわかります。接続詞や文末表現といった機能語に着目し、本文の内容との対応を見ることで、情報と情報の関係、筆者の説明の仕方、さらには、文章展開までもが明確になってきます。

以上、「ダイコンは大きな根？」を挙げて、「説明的文章」の学習指導における文法の扱いを見てきました。もちろん接続詞や文末表現に着目して、本文の要点や文章展開を捉えながら文章を読ませることもできますが、入試対策として読解演習を行う場合など以外は、本文内容を読み取ったうえで、機能語を中心とした本文表現と対照させて、筆者の説明の仕方や文章展開を捉え、その効果について考えたり評価したりしていくのがよいでしょう。こうすることで、中学校学習指導要領「読むこと」の指導事項「文章の構成や（論理の）展開、表現の効果や仕方について考えたり評価したりすること」を扱うこともできるようになります。

3 書くこと
文法的観点から言葉を選んで文章を書き、推敲しよう

1 機能語を選んで意見文を書く

中学校学習指導要領「書くこと」の指導事項に「根拠を明確にしながら、自分の考えが伝わる文章になるように工夫すること」（第一学年ウ）があります。中学校では、説明文・意見文・案内文・報告文・随筆文など様々な文章を書きますが、ここでは引用を踏まえて自分の考えを述べる意見文を取り上げることとします。引用を用いた意見文を書くうえで重要なことは、収集した情報を適切に引用して根拠を明確に示し、根拠に基づいて自分の意見を示しながら説得力のある文章にしていくことですが、その際、機能語を適切に選択して自分の意見とその根拠を明確に示すことが重要となってきます。

例えば、食品廃棄物の問題について意見文を書くこととします。学習の手順としては、初めに食品廃棄物について自分の知識や考えを挙げ、自分の意見の中心を明確にしていきます。次に図書館の書籍やインターネットの資料を調べて、意見の根拠となる情報を収集していき、そのうえで、自分の意見が明確に伝わるように序論・本論・結論の構成で構成表を作成し、その構成表に従って意見文を書いていくことが考えられます。

このような取材・構成を踏まえて意見文を書くとすれば、収集した情報（事実）を根拠として挙げ、根拠となる情報から得られる解釈を示し、そのうえで自分の考え（意見）を述べる形となりますが、その際、次のような語句を用いて書くことが考えられます。

・引用：〜では、…と述べられている／〜によると…という
・解釈：…ことを示している／〜から…ことがわかる／と解釈できる
・主張：と考える／すべきだ／と考えられる／のではないか

実際に記述する際には、上記の語句の中から、前後の文脈に合致するもの、自分の考えを反映するものを選んで使用することとなりますが、その際、語句の持つ意味合いや使い分けについて説明を加えられるとよいでしょう。「主張」を表す語句であれば、「思う」と「考える」、「考える」と「考えられる」の違い、「すべきだ」「のではないか」の意味合いなどです。

また、収集した情報をもとに食品廃棄物が発生する仕組みを説明したり、廃棄物を減らす方策を述べたりするのであれば、次のような語句を用いて情報と情報の関係を明確にすることも必要になってくるでしょう。

・原因・理由：〜から／〜ので／だから／そのため
・目的：〜ため（に）
・例示：例えば／〜が例として挙げられる

国語教科書の「書くこと」教材には見本文が掲載されていますが、書き方の特徴や表現の工夫に関する注記に加えて、このような語句の例を挙げておけば、どのような語句を用いて意見文を書けばいいのかがイメージしやすくなります。その際、例として挙げた語句の違いや意味合いが説明されれば、生徒自ら適切に語句を選

ぶことにつながりますが、日本語学研究の成果を踏まえつつ、中学生にもわかるように説明するというのは難しいものです。「書くこと」教材のなかで、語句の例を挙げつつ注記がなされたり、国語辞典や国語便覧にそのような情報が掲載されたりすることが望まれます。こうした手立てをもとにして論理的な文章を書く機会を重ねることで、論理的表現力を支える語句に習熟し、適切に使用できるようにしていけるものと期待できます。

2 文の成分の対応を確認して文法的不具合を修正する

中学校学習指導要領「書くこと」の指導事項に「読み手の立場に立って、表記や語句の用法、叙述の仕方などを確かめて、文章を整えること」(第一学年エ)があります。文章を書き進めながら、または、文章を一通り書き上げたうえで、表現上の不具合がないか確かめ、適切に修正していくことは、作成した文章を読みやすくわかりやすい整った文章にするうえで重要なポイントになってきます。ここでは、作文の記述・推敲につながる文法の学習指導を提案することとします。

作文の記述・推敲時に、生徒が文章を見直し、文法的不具合に気づいて自ら修正できるようにするためには、文法的不具合について学習の機会を持ち、不具合の例や修正法について理解を図っていく必要があります。生徒の作文によく見られる文法的不具合の例とその修正方法について学んだうえで、生徒自身が文章から文法的不具合を発見し、その要因と修正方法を検討して、不具合文を修正していくようにします。

その際、生徒が学習の必要性を自覚しながら意欲的に取り組めるように、文章の見直しや推敲を想定した学習課題を設定することが重要となってきます。初めから不具合文を提示し、修正せよというのではなく、まず文法的不具合のある文章とない文章を比較して、どちらのほうが読みやすく、整った文章とされるか考えさせるようにしていきたいものです。

次の文章であれば、(1)には主語と述語・修飾語と被修飾語の不照応が見られますが、(2)にはそのような文法的不具合は見られません。

(1) 私の将来の夢は、人の命を助ける仕事に就きたいです。一番やりたい仕事は医者をやりたいです。なぜなら病気で苦しみながら死んでいく人を一人でも多く助けたいと思いました。

(2) 私の将来の夢は、人の命を助ける仕事に就くことです。一番やりたい仕事は医者です。なぜなら病気で苦しみながら死んでいく人を一人でも多く助けたいと思うからです。

文法面から見れば、(2)のほうが(1)より整った文章ということになりますが、(1)に違和感を抱かない生徒も多いかもしれません。そこで、各文から主語と述語、または、修飾語と被修飾語を抜き出して、その対応を比較し、(1)には不照応があることを確認させていきます。この際、文の成分の抜き出しは単文節でなくてもよく、成分間の対応が見やすいのであれば、むしろ連文節の形で抜き出したほうがよいでしょう。

① 私の将来の夢は、人の命を助ける仕事に就きたいです。
[主語] 私の将来の夢は― [述語] 就きたいです…不照応

② 一番やりたい仕事は医者をやりたいです。
[主語] 一番やりたい仕事は― [述語] やりたいです…不照応

③ なぜなら病気で苦しみながら死んでいく人を一人でも多く助けたいと思いました。
[修飾語] なぜなら― [被修飾語] 思いました…不照応

次に、文法的不具合の修正方法を考えさせていきますが、その際、深く追究できるように、生徒に協働で検討を行わせることが重要です。文法的不具合の中には、修正方法が単一のものもあれば、修正方法が複数のものもあります。また、文型を変えずに不具合を修正できるものもあれば、文型を変えることで不具合を回避できるものもあります。主語と述語の不照応というと、主語を生かして述語を修正することが多いのですが、述語を生かして主語を修正したり、語順を変えて不具合を回避したりすることも考えられます。

(3)　私の将来の夢は、人の命を助ける仕事に就きたいです。
・**述語修正**：私の将来の夢は、人の命を助ける仕事に就くことです。
・**主語修正**：私は将来、人の命を助ける仕事に就きたいです。
・**語順変換**：人の命を助ける仕事に就くことが、私の将来の夢です。

最後に、生徒の気づきを「推敲の観点」として活用できるように、学校文法を利用して教師が知識・技能化を図っていくことが重要です。文法的不具合の「共同批正」は文法ブーム期に盛んに行われましたが、生徒の言語感覚に依拠する部分が大きく、活用できる知識・技能として習得・定着させ切れず、推敲の観点を十分に形成することができませんでした。文法的不具合の発見や修正方法の検討は生徒間で協働的に行うにしても、教師は生徒の検討をもとに文法的不具合の要因と修正方法を知識・技能化し、推敲の観点を形成していくように気をつけていきたいところです。

なお、学習指導に取り上げる文法的不具合は、生徒の作文によく見られるものがよいでしょう。3章に挙げた中学生作文の調査結果を踏まえれば、主述の不具合であれば、述語の語句または形式の欠落による主述の不照応、修飾の不具合であれば、語句・形式選択の不備による修飾語と被修飾語の不照応となります。この他に、並立関係の不具合、従属節の接続過多なども中学生作文によく見られますが、主述・修飾の不具合のほうが文法の学習指導と連携させやすく、その学びを活かしやすいでしょう。

ここまで、文法の観点から文法的不具合の修正による推敲について見てきましたが、文章の推敲は文法の観点からのみ行うものではありません。言語形式に限っても、表記・語句・文体と様々な観点があります。例えば、(1)の②の「一番やりたい仕事は医者をやりたいです。」は、主語と述語の不照応を修正して「一番やりたい仕事は医者です。」と修正できますが、「一番」「やりたい」「仕事」といった語句を「最も」「就きたい」「職業」などに替えて、「最も就きたい職業は医者です。」とするほうが整った文とされるでしょう。また、①と②の間に「その中でも」といった接続表現を加えたほうがいいとされるかもしれません。生徒には、文法的不具合を修正すれば推敲は完了というのではなく、表記・語句・文体の観点からもチェックしていくように心掛けさせたいところですが、それには表記・語句・文体の面でも推敲の観点が形成されるように学習指導の機会を設けていかなくてはならないと考えています。

以上、意見文の学習指導における文法的な語句の扱いと作文の推敲につながる文法の学習指導について見てきました。文法はあくまで文章の記述・推敲をより良くする観点の一つですが、ここで提案した二つの学習指導は、機能語を適切に選択・使用して論理的に文章を書いたり、文の成分の不照応を修正して文章を整えたりするもので、いずれも文法が作文に役立つものになっていると考えています。

あとがき

筆者は大学院修士課程進学時から国語科教育を専攻し、日本語学の観点を取り入れて国語科における文法指導について研究を行ってきました。修士課程修了後は国語科教員として中学・高校の現場に立ち、その後は大学教員となって、現在は中高国語科教員の養成に当たっています。この間、文法指導に関する研究を続け、学会・論文などで発表してきましたが、各時期の興味・関心に従って進めてきてしまったため、発表の際など、文法指導に関する私自身の立場をその都度説明しなくてはなりませんでした。

研究を始めてから20年、ここまでの研究をまとめてみたいと思っていた矢先に出版のお誘いをいただき、驚くとともに大変ありがたく感じたものでした。中学校国語科文法指導の必携書となるものをと意気込んで執筆を始めたのですが、当初は執筆が進まない時期が続きました。述べ足りなさは感じながらも、これまでに書いたものをまとめる形で本書を執筆することにして、なんとかここまで漕ぎつけることができました。

本書のもとになったものは以下のとおりです。かなりの修正・増補を加えていますが、参考までに以下に挙げることとします。

○「中学校国語科「文の組み立て」の指導」（東京法令出版『月刊国語教育』第262号、2002年）…4章1
○「文法学習に対する生徒の意識」（科研費基盤研究Ⓒ平成14年度中間報告書『日本の文法教育Ⅰ』2003年）…1章1
○「生徒の活動を組み込んだ文法指導―動詞の活用の授業―」（東京法令出版『月刊国語教育』第280号、2004年）…4章3
○「中学校国語科における「活用」の扱い」（平成15年度中間報告書『日本の文法教育Ⅱ』2004年）…2章3、4章3
○「高等学校における現代語文法の扱い」（東京法令出版『月刊国語教育』第288号、200年）…5章2

○「中学校国語科における「文の組み立て」の扱い」（研究成果報告書『日本の文法教育Ⅲ』２００５年）…2章1
○「文法指導で養う学力とは」（全国大学国語教育学会第109回大会資料、２００５年）…1章3
○「中学校国語科における観察・発見の文法指導」（目白大学『目白大学人文学研究』第9号、２０１３年）…1章2、1章3
○「文の構成に関する指導―作文の推敲を視野に入れた学習指導のデザイン―」（全国大学国語教育学会第131回大会資料、２０１６年）…5章3
○「作文・推敲につながる文法指導の内容―全国学力・学習状況調査の結果をもとに―」（解釈学会『解釈』第65巻5・6月号、２０１９年）…3章2
○「中学校説明的文章における機能語の出現状況―「情報の扱い方に関する事項」の指導を考えるために―」（国士舘大学国文学会『國文學論輯』第41号、２０２０年）…1章3、5章2
○「論理的表現力育成につながる語彙の指導」（日本国語教育学会『月刊国語教育研究』第592号、２０２１年）…1章3、5章2
○「中学校国語科における「品詞」の扱い」（信州大学国語教育学会『信大国語教育』第30号、２０２１年）…2章2、4章2
○「中学校国語科における「助動詞」の扱い」（国士舘大学人文学会『国士舘人文学』第11号、２０２１年）…2章4、4章4
○「中学生の作文における「主述の不具合」の出現状況」（国士舘大学人文学会『国士舘人文学』第12号、２０２２年）…3章1
○「中学生の作文における「修飾の不具合」の出現状況」（国士舘大学国文学会『國文學論輯』第43号、２０２２年）…3章1

最後になりましたが、これまでの研究をまとめ、出版の機会を与えてくださった明治図書出版に、厚く御礼を申し上げます。また、担当の大江文武さんには、企画から原稿の調整まで、いろいろとお世話になりましたこと、感謝申し上げます。なお、本研究はＪＳＰＳ科研費ＪＰ２０Ｋ０２８００の助成を受けたものです。

二〇二三年六月

松崎　史周

【著者紹介】
松崎　史周（まつざき　ふみちか）
信州大学大学院教育学研究科修士課程修了。修士（教育学）。長野清泉女学院中学・高等学校教諭，目白大学，日本女子体育大学講師などを経て，現在，国士舘大学文学部准教授。日本語習熟論学会運営委員。教育出版小・中学校国語教科書編集参画。
主な著書・論文に，『日本語・国語の話題ネタ―実は知りたかった日本語のあれこれ―』（共著，ひつじ書房，2012），「児童・生徒作文における条件表現の出現状況―「手」を題材にした作文の場合―」（『解釈』第65巻5・6月号，2021），「論理的表現力育成につながる語彙の指導」（『月刊国語教育研究』第592号，2021），「昭和初期の綴方教育における語法の扱い―東京高等師範学校附属小学校教員の綴方教育の場合―」（『国語教育史研究』第22巻，2022）など。

中学校国語教師のための文法指導入門

2023年7月初版第1刷刊　©著　者　松　崎　史　周
2024年1月初版第3刷刊　発行者　藤　原　光　政
発行所　明治図書出版株式会社
http://www.meijitosho.co.jp
（企画）大江文武（校正）奥野仁美
〒114-0023　東京都北区滝野川7-46-1
振替00160-5-151318　電話03(5907)6702
ご注文窓口　電話03(5907)6668

＊検印省略　組版所　株　式　会　社　木　元　省　美　堂

Printed in Japan　ISBN978-4-18-389531-8